青春文庫

古事記と日本[illegible]の焦点

「読み方」を変え[illegible]ある

青春出版社

古事記と日本書紀　謎の焦点＊目次

カバー写真■akg-images/アフロ
DTP■フジマックオフィス

プロローグ――いまなぜ、『古事記』『日本書紀』なのか

■謎解きの「手がかり」

『古事記《こじき》』と『日本書紀《にほんしょき》』は、いうまでもなく日本の古典を代表するもののひとつであり、古代史を語るさい不可欠の史料である。したがって、その書名を知らない人はいないといってもよいであろう。古代史のさまざまな問題に対して、『古事記』ではこういっているとか『日本書紀』ではこうなっているといったことを読んだり見聞きしたりすることも多いかと思われる。そうした点からいうと本書は、何をいまさらの感があるかもしれない。

しかし、そう思う方たちにあえて質問してみたい。それは、『古事記』や『日本書紀』といった史料そのもの、つまり原典に実際にたちもどってみたことがあるか

どうかということである。

とかく史料は読みづらく親しみにくい。たとえ史料が引用されていてもそこはとばして読み進めるといったことが少なくないのではなかろうか。けれども、それでは『古事記』や『日本書紀』を読んだことにはならないと思うのである。古代史の謎を解くための重要史料である『古事記』『日本書紀』も実際に目を通さなければ何も役に立たないといってよいであろう。

本書では重要な部分については『古事記』や『日本書紀』を読み下し文にして引用してある。いやがらずにぜひとも読んでみていただきたい。そして、興味をもたれたら、ぜひ『古事記』や『日本書紀』そのものにあたってほしい。そこから思いがけない発見や楽しみがみつかるかもしれない。

■編纂の背景にあるもの

従来、『古事記』と『日本書紀』は、「記紀」と称されるようにひとまとめにくくられることが多かった。現在もその傾向がないとはいえない。しかし、近年、『古事記』と『日本書紀』とでは成立の事情など相違点が多いのであるから「記紀」という言い方は適切ではないということがいわれている。『古事記』と『日本書紀』には異なる点が多々あるというこの指摘はそのとおりである。

たとえば『古事記』は神代《かみよ》から推古《すいこ》天皇までを上・中・下巻の三巻にまとめているが、上巻は神代、つまり神話にあてられている。いうならば全体の三分の一を神話の叙述についやしていることになる。それに対して『日本書紀』はというと、全三十巻のうち巻一と巻二が神話の部分である。つまり、神話は全体の十五分の一というわけである。また、『日本書紀』の特徴のひとつとして「一書《あるふみ》」という形で、本文の他に別伝承を載せている。この「一書」が特に多くみられるのが神話の部分なのである。もちろん『古事記』にはそのようなものはみられない。

また、『古事記』も『日本書紀』もその体裁というか書きぶりは中国の方法にならっているが、『古事記』は人物（天皇）に力点をおく紀伝体《きでんたい》をとっている。しかし、『日本書紀』は古い時代から叙述するという編年体《へんねんたい》をとっている。『日本書紀』以後、日本の正史としてまとめられた『続日本紀《しょくにほんぎ》』『日本後紀《にほんこうき》』『続日本後紀《しょくにほんこうき》』『日本文徳天皇実録《にほんもんとくてんのうじつろく》』『日本三代実録《にほんさんだいじつろく》』といったいわゆる六国史《りっこくし》はすべて編年体で構成されている。

これらのことからもわかるように、『日本書紀』は六国史の第一番目であり、国家の歴史を叙述しようという意図が強く感じられる。一方、『古事記』はというと天皇家の歴史を述べようとしている。『日本書紀』を外廷《がいてい》的な歴史書、『古事記』を内廷《ないてい》的な歴史書などと表現するのはこうした事情によっている。

もっとも、古代の場合には、天皇イコール国家といった面も強くみられるわけであり、この点からみると『古事記』と『日本書紀』の性格の相違も少し微妙なものになってしまうのであるが、やはりこうした微妙な相違はみのがせない。

そもそも『古事記』は、天武《てんむ》天皇の命によって稗田阿礼《ひえだのあれ》が誦習《しょうしゅう》していた帝紀《ていき》（皇統譜など天皇家の歴史）、旧辞《きゅうじ》（豪族たちの神話や伝承）を和銅《わどう》四年（七一一）九月にいたって、元明《げんめい》天皇が太安万侶《おおのやすまろ》に筆録を命じ、翌年の和銅五年に完成したものである。現存する最古の歴史書ということになる。

また、『日本書紀』はというと、養老《ようろう》四年（七二〇）に舎人親王《とねりしんのう》たちが中心となって編纂《へんさん》した歴史書であるが、編纂のスタート自体はさらにさかのぼって七世紀後半の天武天皇の時代とされる。すなわち、『日本書紀』の中にみえる天武天皇十年（六八一）三月に川島皇子《かわしまのみこ》ら六人の皇親《こうしん》と中臣連《なかとみのむらじ》大島ら六人の官人に命じて国史の編纂にあたらせたという記事が、のちの『日本書紀』の編纂のスタートであるとされている。こうしてみると、『古事記』と『日本書紀』は、編纂のスタートをともに天武天皇の時代にもちながらも、編纂時からすでにお互いに相違がみられるということになる。したがって、『古事記』と『日本書紀』をひとまとめにして「記紀」というのは適切ではないという指摘は重要で正しいといえる。けれどもわたしは、そのことを十分に承知した上で、やはり『古事記』と『日本書紀』をひとまとめに扱うこともできるのではないかと考えている。

■『古事記』と『日本書紀』の接点

『古事記』と『日本書紀』は、たがいに相違点をもつと同時に共通点もまたもっている。たとえば『古事記』の叙述対象は神代から推古天皇までであり、一方、『日本書紀』は神代から持統《じとう》天皇までとなっている。両書とも神代から始まって女帝で終わっている。この類似は意図されたことではなかろうが、どちらも女帝、それも共によく知られた女帝で記述が終わっているということは興味深い事実といえよう。

完成した年の類似もみのがせない。『古事記』は和銅五年（七一二）の成立であり、『日本書紀』は養老四年（七二〇）であるが、両書の完成年には八年しか差がないのである。大ざっぱにいうと、『古事記』も『日本書紀』も八世紀のはじめの歴史書、言葉をかえると奈良時代初期の歴史書ということになる。

そして、この時期、もうひとつユニークな書物の編纂が諸国に命じられている。それは『風土記《ふどき》』の作成である。具体的にいうと、それは和銅六年（七一三）のことである。もっとも、この年は、『風土記』を国ごとに作成しなさいと命じた年であり、『風土記』の完成年ではない。現在、諸国の『風土記』の中で、成立年がはっきりわかるのは、天平《てんぴょう》五年（七三三）にできた『出雲国風土記《いずものくに》』のみである。したがって、その他の国々の『風土記』については、厳密にはその成立年を知ることができない。しかしながら、『常陸《ひたち》国風土記』と『播磨《はりま》国風土記』などは和銅六年（七一三）から養老四年（七二〇）の間の成立と推測されるし、『肥前《ひぜん》国風土記』、『豊後《ぶんご》国風土記』については、『出雲国風土記』とほぼ同時期の成立といわれている。つまり、『風土記』も八世紀はじめに成立したといってよいのである。

『風土記』はその書名からもわかるように基本的には地誌《ちし》としての性格をもっている。それに対して、『古事記』、『日本書紀』は歴史書であるから同一に扱うのはおかしいといわれるかもしれない。しかし、わたしはこれらの三つの書物には互いに関連があるのではないかと思っている。

まず何よりも、成立年代の近似が注目される。くり返しになるが、『古事記』『日本書紀』、そして『風土記』の三つはいずれも八世紀初期にまとめられている。さらに、中国の歴史書が大いに参考になる。〝文字の民〟と称される中国では、王朝が代わるたびに正史がつくられた。そして、注目したいのは、それらの歴史書に地理の部分も取り入れられているということである。

たとえば、班固《はんこ》の『漢書《かんじょ》』を例にしてみよう。そこには、「地理志」が入っており、当時、倭人《わじん》とよばれた日本人のことが記されている。こうした中国の歴史書のあり方を日本も模倣《もほう》しようとしたのではないだろうか。つまり、『古事記』や『日本書紀』は歴史書として天皇による日本列島の支配の正統性《せいとうせい》をのべ、『風土記』は地理的に天皇支配の正しさを主張していると思うのである。

言葉をかえると、『古事記』と『日本書紀』は過去から現在、そして未来にいたるまでずっとという、時間軸での天皇による支配を肯定しているわけで、『風土記』は国土のすみずみまでという、水平軸での天皇支配を主張しているということになる。このように考えると、『古事記』『日本書紀』と『風土記』とは互いに関連しあった書物ということができる。そして、この場合、中央政府によってまとめられた『古事記』『日本書紀』に対して、地方で作成された『風土記』というように対比的にとらえることも可能である。

こうした視点をもとにするならば、『風土記』と対応する形で、『古事記』『日本書紀』をひとつのカテゴリーとしてとらえることもできるのではなかろうか。その意味をこめて、本書では『古事記』と『日本書紀』を総称してあえて「記・紀」という言葉を使いたい。細かいことをいうようであるが、「記紀」ではない点をおくみとりいただければ何よりである。

■古代史研究の中の位置づけ

『古事記』と『日本書紀』について、相違点や共通点をいろいろのべてきたが、一番いいたいことは、「記・紀」は古代史を探究するさいの基本史料であるということである。日本の古代史、とりわけ奈良時代以前の歴史をさぐろうとするさい、根本史料として欠かすことができないのが「記・紀」である。近年は、木簡《もっかん》をはじめとする考古資料の発見があいつぎ、新聞紙上を賑わすこともしばしばである。もちろん、これらの発見は有意義であるが、このことは「記・紀」のウェイトが小さくなったことにはならない。むしろ、発見された考古資料を古代史の中でどのように位置づけるかという作業において、「記・紀」は不可欠の史料といえよう。したがって、「記・紀」をどのように読み、そして理解するかはますます重要になってきているといってよいのではないだろうか。

テーマ的にみても新しいことがいわれるようになってきている。

本書に関連するものをみてもいわゆる王朝交替説について再検討がなされ、王朝の交替ではなく、王統の交替と考えるべきであるという説が見られるようになってきている。

また、王朝の問題としては、継体天皇をどのようにとらえるかが問題提起されているし、倭の五王に関しても新たな説が出されている。この他にも、蘇我氏の評価が大きく変わろうとしているし、聖徳太子の人物像についても見直しがいわれるようになってきている。こうした状況のなかで「記・紀」をどのようにとらえるかが問われるようにも思われる。

第1章

「神々」の時代

古代日本をどう読むか

1　天地開闢神話

■最初に登場する神をめぐって

『古事記』、『日本書紀』をひらくと、いずれも天地開闢《てんちかいびやく》から書き始められている。しかし、厳密にいうと、内容的な相違もかなりみうけられる。それは何よりも、『古事記』が天地が分離した状態からスタートしているのに対して、『日本書紀』は、天地がカオスの状態、すなわち未分離の段階から出発していることをみれば明らかである。また、最初に登場する神についても興味深い相違をみることができる。

まず、『古事記』からその書き出しをみてみることにしたい。

天地初めて発《ひら》けし時、高天原《たかあまのはら》に成れる神の名は、天之御中主神《あめのみなかぬし》。次に高御産巣《たかみむす》日《ひ》神。次に神産巣日《かんむすひ》神。この三柱《みはしら》の神は、みな独神《ひとりがみ》と成りまして、身《み》を隠《かく》したまひき。

これがその部分であり、ここからわかるように、高天原に最初に登場する神は、天之御中主神となっている。そして、これに次いで二番目として高御産巣日神、三番目として神産巣日神という順番で姿をみせ、そのあと、宇摩志阿斯訶備比古遅《うましあしかびひこじ》神と天之常立《あめのとこたち》神の二神が誕生している。そして、これらの五神を、「上《かみ》の件《くだり》の五柱《いつはしら》の神は、別天神《ことあまつ》神」とあるように、ひとまとめにして別天神と称している。

これに対して、『日本書紀』をみると、その書き出しは、「古に天地未だ剖《わか》れず」となっており、そうした状態の中から、

時に、天地の中に一物《ひとつのもの》生まれり。状《かたち》、葦牙の如し。便ち神と化《な》為る。国常立《くにのとこたちの》尊《みこと》と号《まう》す。

とあるように国常立尊が誕生したことが記されている。さらに、それに続けて、国《くにの》

挟槌尊《さつちのみこと》と豊斟渟尊《とよくむぬのみこと》の二神が出現している。

『日本書紀』の場合には、こうした本文の他に、「一書《あるふみ》」といういい方で別伝承を複数とりあげており、この書き出しの部分についても六つの一書が記されている。

『古事記』と『日本書紀』を比較すると、おおむね共通する神々の名がみられるが、『古事記』が天之御中主神を最初に置いているのに対して、『日本書紀』にはそれがみられない。わずかに、第四の一書に最初の神として、天御中主尊がみられるが、この場合も第四の一書の中の異伝《いでん》という扱いがなされている。つまり、別伝承の中のさらに異伝という形で登場しているわけであり、『日本書紀』では、天御中主尊は最初に現れる神としての役割を与えられているとはいいがたい。

それに代わって、『日本書紀』においては最初の神として国常立尊が重視されている。国常立尊の他には可美葦牙彦舅尊《うましあしかびひこじのみこと》の姿もみられるが、本文をはじめとして、第一の一書、第四の一書、第五の一書において国常立尊が始源の神とされていて頻《ひん》度《ど》が最も高い。何よりも本文が国常立尊としている点は重要で、ここからも『日本書紀』では、国常立尊が最初の神と認識されていたと考えられる。

それでは、『古事記』には国常立尊はみられないのかというとそうではなく、国《くに》之常立神《のとこたち》として登場している。場面は、五神の別天神が出現したあとの神世七代のところであり、この神世七代のはじめに登場するのが国之常立神ということになる。しかし、別天神のあとということは明らかなわけで、『古事記』をみる限り、天之御中主神が始源の神として重視されていることは明白といえる。

■「記・紀」編纂者の意図

このように、『古事記』と『日本書紀』とでは、天地開闢にさいして最初に登場する神に違いがみられるわけであるが、このことは、両書の編纂の意図の相違に原因しているように思われる。

まず、天之御中主神と国常立尊とがそれぞれどのような神なのか、ということを考えてみたい。

天之御中主神の「天」は天神のいる天上界、すなわち高天原をさしている。「御中」は、高天原の中央ということではなく、神々の中央ということを表しているとされている。「主」は主人ということである。したがって、天之御中主神とは、高天原にあって神々の中で中心的な位置を占める主である、ということになる。また、この神は、このあと具体的な活動を全くみせていない。しかし、この神のイメージがさらに増幅されたものが天照大御神《あまてらすおおみかみ》であり、また、地上の支配者として具現されたのが歴代の天皇であるといわれている。つまり、天之御中主神は自身では具体的な活動を示さないが、かわって天照大御神や歴代天皇が具体的な活動をしているというわけである。

それに対して、国常立尊はというと、「国」は天に対しての国であり、地上という意味に他ならない。「常立」は本来的には床立であるとされ、土台が姿をあらわすという意味になる。つまり、国常立尊は地上の大地が姿をあらわし、そこにしっかりと立っている神ということになり、永久的な支配者ということになる。

したがって、『古事記』にみられる天之御中主神に対して国常立尊は、地上の支配者という意識が強く感じられる。そして、このことは、天皇家の歴史書としての性格が強い『古事記』に対して、『日本書紀』は天皇による地上の支配の正統性を強く主張しているということと無関係ではないと考えられる。

2 国生み神話

■日本列島の誕生と伊邪那岐、伊邪那美

大八島国《おおやしま》、すなわち日本列島がどのようにして誕生したかを神話的にのべたものが伊邪那岐《いざなき》、伊邪那美《いざなみ》両神による国生み神話であり、『古事記』においても『日本書紀』においても共に重要なウェイトを占めている。しかし、両書の国生みを比較すると、微妙に相違している点もあって興味をひかれる。

まず、『古事記』の国生み神話についてみると、最初に伊邪那岐命《みこと》、伊邪那美命が生んだ島は、淡道《あわじ》の穂《ほ》の狭《さ》別《わけの》島（淡路島）ということになっている。次に伊予《いよ》の二名《ふたなの》島（四国）を生むのであるが、この島については、「面《おも》四つあり」とあり、それぞれについて、

伊予国は愛比売《えひめ》と謂《い》ひ、讃岐国《さぬきの》は飯依比古《いひよりひこ》と謂ひ、粟国《あわの》は大宜比売《おほげつひめ》と謂ひ、土佐《とさの》国は建依別《たけよりわけ》と謂ふ。

として人格的な名を与えている。次いで、隠岐《おき》の三子島《みつごの》を生むのであるが、この島についても天之忍許名別《あめのおしころわけ》という別名がつけられている。そのあと、筑紫島《つくしの》、すなわち九州を生む。筑紫島は、「身一つにして面四つあり」と記されていて、これまた、筑紫国は白日別《しらひわけ》、豊《とよ》国は豊日別《とよひわけ》、肥《ひの》国は建日向日豊久士比泥別《たけひむかひとよくしひねわけ》、熊襲《くまその》国は建日《たけひ》別《わけ》というように人格的な名がつけられている。

さらに、伊伎島《いきの》（天比登都柱《あめひとつばしら》）、津島《つ》（天之狭手依比売《あめのさでよりひめ》）、佐度島《さどの》といった島々を生み、その後、大和を中心とした畿内《きない》に相当する大倭豊秋津島《おほやまととよあきづ》（天御虚空豊秋津根別《あまつみそらとよあきづねわけ》）を生み、これらの八島を合わせて大八島国と総称している。

この段階で一応、「日本」の主要部分ができあがることになるが、『古事記』には、これに加えて、吉備児島《きびのこじま》（建日方別《たけひかたわけ》）、小豆島《あづき》（大野手比売《おほのでひめ》）、大島《おほの》（大多麻流別《おほたまるわけ》）、女島《ひめ》（天一根《あまひとつね》）、知訶島《ちかの》（天之忍男《あめのおしお》）、両児島《ふたごの》（天両屋《あめのふたや》）といった六島の国生みが記されている。

これに対して、『日本書紀』をみると、本文と十の「一書」の記載がみられるが、一書のなかには、生んだ島の名が記されていないものもある。具体的に本文からみていくと、大日本豊秋津洲《おおやまととよあきづしま》を生み、次に伊予二名《いよのふたなの》洲→筑紫《つくしの》洲→億岐《おきの》洲・佐度《さどの》洲（双《ふた》子《ご》）→越《こしの》洲→大《おお》洲→吉備子《きびのこ》洲の順で国生みをおこなったとある。

そして、これらの島々を合わせて大八洲《おおやしま》国としている。さらに、対馬島・壱岐島や諸々の小島の誕生についても記されているが、これらは生み出されたものではなく、潮もしくは水のあわが固まってできたものとのべられている。

また、別伝承である「一書」は第一から第十まであって、様々な順番で国生みがなされている。

■「畿内」誕生の記述からわかること

いままでみてきたように、国生み神話といっても、『古事記』と『日本書紀』、また、『日本書紀』の中でも本文と一書の間で生んだ島や国生みの順番に違いがでている。これは、ひとつには、それぞれの伝承が形成された時期が異なっているためと考えられる。そして、伝承の成立時期という点では、『古事記』にみられるものが最も新しいとされている。

さらに、『古事記』の国生み神話の特徴としては、島に人名的な呼称がつけられていることがあげられる。こうしたことは、『日本書紀』にはみられないことである。また、国生みの順序としては、伊予二名洲のあとに筑紫洲がくるのがパターンとされているが、『古事記』の場合、伊予の二名島→隠岐の三子島→筑紫島という順になっており、パターンに乱れがみられる。

また、壱岐・対馬は一般的には国生みの数の中に入れられていない。国生み神話の中に登場するとしても、『日本書紀』の本文にあるように、潮あるいは水のあわによって生じたものとして扱い、国生みとは別に考えられている。しかし『古事記』では、伊伎島・津島として明らかに国生みの中に含めて扱っており、この二島の誕生のあとに大倭豊秋津島が生まれている。この点も『古事記』の特徴といえよう。

もっとも、壱岐・対馬に関しては、『日本書紀』の第七の一書にも国生みとして扱われている。すなわち、筑紫洲を生んだのちに、壱岐洲、対馬洲の順序で国生みがなされたことになっており、この点では『古事記』と類似しているといえる。こうした点から、第七の一書も『古事記』の伝承と共に他の伝承から比べると新しい時期につくられたとされている。

　国生みの順番という点では、大倭（日本）豊秋津島（洲）、すなわち畿内の位置づけに微妙な相違がみられることが興味深い。『古事記』では、大八島国を構成する八島のうち、最後に国生みされている。それに対して、『日本書紀』の伝承をみると、本文、第一の一書、第六の一書、第九の一書の四つの伝承が最初の国生みとしてとり扱っている。他の残りの伝承でも、第七の一書、第八の一書は淡路洲に次いで二番目の国生みとしている。ちなみに第二、第三、第四、第五と第十の一書には、みたように国生みの具体的な記述はみられない。

　つまり、これらの『日本書紀』の国生み神話を全体的にとらえた場合、大日本豊秋津洲、すなわち畿内を国生みの第一番目にしようとする意図が読みとれる。言葉をかえると、畿内とその他の地域とを区別しようとしているわけであり、これは『日本書紀』の編纂者の意識といってよいであろう。律令国家にとって最も重要なエリアである畿内を国生みのトップにもってくることによって、律令体制の正統性を象徴化することが『日本書紀』の国生み神話にこめられているのである。

3　ヒルコの正体とは?

■ヒルコはどのように誕生したか

伊邪那岐《いざなき》と伊邪那美《いざなみ》による国生みのさいに、最初に数に入れない子が誕生する。いうならば失敗作ともいうべき役割を与えられているわけであり、これがヒルコに他ならない。

たとえば、『古事記』をみると、伊邪那岐が天御柱《あめのみはしら》を左から回り、伊邪那美が右から回って両者が出会ったとき、

伊邪那美命、先に「あなにやし、えをとこを」と言ひ、後に伊邪那岐命、「あなにやし、えをとめを」と言ひ、各《おのおの》言ひへし後、その妹に告げたまひしく、「女人先

に言へるは良からず」とつげたまひき。然れどもくみどに興して生める子は、水蛭子《ひるこ》。この子は葦船《あしぶね》に入れて流し去《う》てき。次に淡島を生みき。こも亦、子の例には入れざりき。

と記されている。すなわち、伊邪那岐・伊邪那美両神が出会ったさいに、伊邪那美命の方から声をかけたというのである。このとき、伊邪那岐命は、女神から先に声をかけるのは良くないと指摘するが、その後、両神が結ばれて子が生まれる。この子がヒルコであるが、葦でつくった船に入れられて流されてしまう。その次に淡島が生まれるが、これもまた、子の数には入れられなかったとしている。

女神から先に声をかけたため、国生みがうまくいかなかった、ということの背景には儒教による道徳観があるという指摘もなされている。

■謎の存在としてのヒルコ

この国生みの場面を『日本書紀』でみてみると、まず、第四段の本文にはヒルコの記載がみられず、かわって、産む時に至るに及びて、先づ淡路洲を以て胞《え》とす。意《みこころ》に快《よろこ》びざる所《どころ》なり。故、名淡路洲と曰《い》ふ。

と記されている。つまり、第一子として淡路洲を生んだが、意にかなわなかったのでアハヂ（吾恥）島と名づけられたというのである。

それに対して、第一の一書には『古事記』と類似した神話がみられる。それは、最初に「蛭児《ひるこ》」を生んだが、葦船に載せて流し、次に生んだ淡洲も数に入れないというところである。

これ以外の一書でヒルコのことを記しているのは、最後の一書である第十の一書のみである。しかし、その内容自体は、はじめに淡路洲を生み、その次にヒルコを生んだという簡潔な記載がみられるだけである。

また、ヒルコがどんな存在であったかについては、『日本書紀』の第五段の本文に、伊邪那岐・伊邪那美が日神と月神を生んだのちに「蛭児」が誕生したとあり、さらに、「已《すで》に三歳になるまで、脚猶《あしなお》し立たず」という状態であったと記されている。そのため、ヒルコは天磐櫲樟船《あまのいわくすぶね》に乗せられて風のまにまに棄てられてしまうことになる。

これと似た神話は、第二の一書にもみることができる。それによると、日月が誕生したあとに生まれたのが「蛭児」であり、やはり、三歳になっても「脚尚し立たず」といったありさまであったという。

これらのことから、ヒルコは、国生みのさいの失敗例であったことが知られる。つまり、何やら奇妙で謎めいており、得体のしれない存在という印象を受ける。それゆえに、このヒルコをめぐっては、いままでもさまざまなことがいわれているが、いまだにその実体は明らかではないように思われる。

■ヒルコをめぐる謎の「論点」

そもそもヒルコという呼称・字義からして解釈が分かれる。「記・紀」では、「水蛭子」・「蛭児」といった表記が用いられている。そして、歩くことがままならないと記している。

これに対して、文字はあくまでも仮借《かしゃく》表記であり、本来は違う表記があてられていたとする説もみられる。というよりもむしろ、この立場からヒルコを解釈する人の方が多く、いわば通説的理解といってもよいであろう。たとえば、江戸時代にすでに滝沢馬琴によって、ヒルコは「日子《ひるこ》」であると説かれている。馬琴は、この主張を『玄同放言』の中でくりひろげており、さらに、ヒルコの実体を星であるとして、結局は北極星のことであるとのべている。

こうした馬琴の考えは、さまざまに形を変えて今日でも継承されている。たとえばヒルコを昼子とか日子と考え、これは比古（彦）のことであるとして、昼女《ひるめ》・日《ひ》女《め》（媛）に対応するものであるとする説もそのひとつといえよう。

また、ヒルコを「比流牟《ひるむ》」と解釈して臆病者のことであるとする考えもある。

さらに、ヒルコを人格的存在としてとらえ、太陽神ヒルメの兄弟であるが、ヒルメと比べると劣った存在であるとする説もみられる。

ユニークな見解としては、ヒルコは伊邪那岐・伊邪那美両神による国生みの初めに生み出されたいまだ島ともいえない岩礁のようなものであり、潮の干満によってみえかくれする洄子《ひるこ》のことである、というものもある。

これらのさまざまなヒルコ論の中で、しばしばとりあげられるのは、ヒルコを日子として、ヒルメと対照的にとらえる説であろう。この説に立つと、ヒルコは葦船などによって棄てられてしまうわけであるから、男性は棄てられる存在ということになる。したがって、ヒルコとヒルメのいずれが太陽神としてふさわしいかというと、男性ではだめであり、女性、すなわちヒルメでなくてはならないということになる。

これは、太陽神（皇祖神）がタカミムスヒからアマテラス、つまり、男神から女神へと転換されるという日本神話の構造の面からみても、妥当な解釈といえるかもしれない。しかしながら一方では、「記・紀」のなかで太陽に関する字句としては、「日」や「日孁」がきちんと用いられているのに対して、なぜヒルコにはこうした表記が使用されていないのか、という疑問もおきてくる。

たしかに、ヒルコに関しては、「蛭」の字で表記が統一されている。このことを重視するならば、ヒルコの実体については、当然のことながら蛭のような存在ということになり、日子という文字からの解釈は妥当ではないといえよう。

つまり、ヒルコの解釈については、「記・紀」の表記を生かして考える方が穏当なように思われる。そして、こうした神話の背景としては、古代社会における疾病、およびそれらに対応するための医療技術の未発達などが考えられる。医療が高度に発達した現代社会においてすら、原因不明の先天的障害の発生を克服することはできていない。また、出産、とくに初産の難しさも背景に考えるべきかもしれない。

もちろん、現代社会と古代社会とを単純に比較することはつつしまなくてはならないであろうが、古代社会の生存環境のきびしさはいうまでもないことであろう。

また、ヒルコを船で流す、という点についてもさまざまな解釈ができるかと思うが、すでに指摘されているような障害を持った人や流産した児を放棄するといった風俗や習慣が古代社会にあった可能性も否定できないであろう。

4 須佐之男命とヤマタノオロチ退治神話

■須佐之男命の奇妙な出自

『古事記』や『日本書紀』には、「八百万《やおよろず》」と形容されるように、多くの神々が姿をみせている。それらの神々の中でも、須佐之男命《すさのおのみこと》は代表的な神としての位置を与えられている。しかし、それと同時に須佐之男命は日本神話においては特異な神でもある。同じ代表的な神でも天照大御神《あまてらすおおみかみ》とは全く違った役割をになっているのである。

それは、出生の状況からもいえることである。須佐之男命は、黄泉国《よみのくに》から戻った伊邪那岐命《いざなきのみこと》が禊祓《みそぎ》したさいに生じた神とされている。誕生の様子を『古事記』で見ると、伊邪那岐命がまず左眼を洗ったときに生まれたのが天照大御神で、次に右眼を洗ったさいに生じたのが月読命《つくよみのみこと》となっている。すなわち、天照大御神と月読命の誕生であり、ここに日神と月神が生まれたことになる。

このあと、伊邪那岐命はさらに鼻を洗い、そこから須佐之男命が生じるのである。伊邪那岐命はこれらの三神を得たことを大変に喜び「三貴子《きし》」といっている。

ここからうかがえることは、須佐之男命が天照大御神と月読命の弟神であり、三貴子と称せられるほど天神の中でも高い出自をもっているということである。しかし、それと同時に、天照大御神と月読命が伊邪那岐命の両目から生じたのに対して、須佐之男命は鼻という、少し奇妙な印象を受けるところから生まれている。

この点に関しては、「記・紀」神話はそもそも日・月両神を基本とする体系があったところに後から須佐之男命が入り込んだためこうしたことになったのであるともいわれている。いずれにしても、須佐之男命は、その出生からすでに独特のムードをもった神ということができよう。

■流浪する「荒ぶる神」

須佐之男命の特異性は、誕生後、いっそう明らかとなる。出雲に追放されるまでの行動をかいつまんでみていくことにしよう。

まず、須佐之男命は、父神である伊邪那岐命によって海原《うなばら》を治めるように命じられる。しかし、その命に従わず、青山を枯らすほど大泣きを続け、母である伊邪那《いざな》美命《みのみこと》のいる根国《ねのくに》へ行くことを望むのである。

こうした須佐之男命の行動は当然のことながら伊邪那岐命の怒りを受けることになり、ついには天界を追放されてしまう。そこで須佐之男命は、姉神である天照大御神のもとへ別れを告げに向かうのであるが、高天原《たかあまのはら》を奪いにきたと誤解した天照大御神は武装した姿で弟神を迎える。

須佐之男命は何とか誤解を解こうとして、ここで誓約《うけい》をおこなうことになる。誓約の結果、須佐之男命は身の潔白を示すことに成功するのであるが、勝ち誇って高天原で種々の悪行をはたらいてしまう。そして、これらの悪行に怒った天照大御神がとうとう天石屋戸《あまのいわやど》に隠れてしまい、世界は暗黒におおわれることになる。

困った神々の諸工作によって、ようやく天照大御神を天石屋戸から出すことに成功したのち、神々はこうした事態を引き起こすことになった責任として須佐之男命に千位置戸《ちくらのおきど》を負わせる。これによって須佐之男命は鬚髯を切られ、手足の爪も抜かれて高天原を追放されてしまう。こうして、出雲へ追放されることになるのであるが、須佐之男命の悪行ぶりは少しもなおらず、途中において食物神である大気津《おおげつ》比売《ひめ》を殺害している。

おおよそ、以上のような経過をへていよいよ須佐之男命は出雲へ天降ることになるのであるが、ここまでの流れの中にみられる須佐之男命は動的な神であり、異端の神といえる。

その姿はまさに「荒ぶる神」そのものといってもよいであろう。天神として、最高ともいえる出自を持ちながらも、二度も追放され、流浪する神々として須佐之男命は描かれている。こうした行動の激しさや荒々しさは、日本神話に登場する他の神々と比較すると、やはり、特異といわざるを得ないであろう。そして、このあと大蛇退治へと神話はすすんでいくことになる。

■英雄への変化をどう読むか

須佐之男命の大蛇退治についての神話は、『古事記』と『日本書紀』の本文、第二の一書、第三の一書、第四の一書に記載がみられる。

まず『古事記』の伝承をみてみると、大蛇は「八俣遠呂智《やまたのおろち》」と表記されている。高天原を追放された須佐之男命が天降ったのは、出雲の肥《ひ》の河上《かわかみ》の鳥髪《とりかみ》の地となっている。そこから須佐之男命はさらに川上へいき、足名椎《あしなづち》、手名椎《てなづち》という老夫婦の国神《くにつかみ》に出会うことになる。

この老夫婦は、自分たちの娘である櫛名田比売《くしなだひめ》が大蛇に食べられてしまうといってなげき悲しんでいた。足名椎と手名椎をあわれに思った須佐之男命は自らの身分を明かし、大蛇の犠牲になろうとしている櫛名田比売を自分にさし出すことを命じる。この間、櫛名田比売はひとことも言葉を発することなく、須佐之男命と足名椎との間で話がすすめられていく。

その後、やってきた大蛇に酒を飲ませて酔わせ、すっかり眠らせておいて十拳《とつかの》剣《つるぎ》で切り殺してしまう。このとき、大蛇の尾から出てきたのが都牟刈《つむがり》の大刀、すなわち草那芸《くさなぎ》の大刀である。須佐之男命はこの剣を天照大御神に献上し、須賀《すが》の地に宮を作り、「八雲《やくも》立つ、出雲八重垣妻籠《つまご》みに、八重垣作るその八重垣を」という歌を詠《よ》む。さらに、足名椎を須賀宮の長官に任命し、自らは櫛名田比売との間に子神をもうけることになる。そして、その子孫が大国主命《おおくにぬしのみこと》ということになるのである。

以上が『古事記』にみえる須佐之男命の大蛇退治神話である。『日本書紀』もおおむね『古事記』と同様であるが、相違点もいくつかみられる。

まず、大蛇の表記であるが、「八岐大蛇」となっている。用字に違いはみられるものの、いずれもヤマタノオロチと称していることにはかわりがない。

また、須佐之男命の天降った先をみると、だいたいが出雲国であるが、例えば、第四の一書では、朝鮮半島を経由している。

具体的にみるならば、子神である五十猛神《いたけるかみ》とともにまず、新羅《しらぎ》に天降っている。ところが、この新羅には留まりたくないといって出雲国の簸《ひ》の川上の鳥上の峰にやってくるのである。このとき須佐之男命と行動を共にした五十猛神が木種を蒔《ま》いたので、大八州《おおやしま》が青山をなしたとのべられている。

須佐之男命が朝鮮半島を経由して天降りをしたという点では、『日本書紀』の第五の一書も興味深い。この第五の一書には、大蛇退治のことは記されていないのであるが、まず韓郷《からくに》へ天降ったとしている。

この韓郷は金銀に恵まれたよい国であるが、わが子の支配する国に船がないのはよくないといって須佐之男命は、自分の体の各部分の毛を抜き取って、それらをさらに紀伊国《きいのくに》へ渡り、韓郷から木々に変えて舟や宮殿の材料としている。そして、熊成峰《くまなりのたけ》に至ったのち、須佐之男命は最後に根国へおもむいたとされる。このとき須佐之男命の子神である五十猛神、大屋津姫《おおやつひめ》、爪津姫《つまつひめ》もそれぞれ木種を蒔いたと記されている。

第二の一書も大蛇退治のことにはふれていないが、須佐之男命の天降った先については安芸国《あきのくに》の可愛《え》の川上としている。

これらが『古事記』『日本書紀』にみられる須佐之男命の大蛇退治に関係する神話の内容である。須佐之男命の誕生から出雲へ降って大蛇を退治するまでの伝承をトータルにながめると、やはり、天上での須佐之男命と出雲へ天降ってからの須佐之男命とでは明らかに異なった印象を受けざるを得ない。

すなわち、天上での須佐之男命の性格は、どれ一つ取っても好ましいものとはいえない。乱暴で荒々しく、「荒ぶる神」としての性格そのものである。それに対して、出雲での須佐之男命は、悪しき大蛇を退治する英雄として描かれている。それまで悪の化身であった須佐之男命が一転して善神へと変身してしまうのである。

しかし、よく目をこらすと、この大蛇退治神話の中にも、それ以前の須佐之男命の武力的で力強い性格は、そのまま貫《つらぬ》かれていることに気がつく。櫛名田比売との結婚を自ら望み、剣を持って大蛇と闘うといった須佐之男命からは、強い男性的な性格、戦士的な性格といったものを十分にうかがうことができる。

しかし、その一方では、大蛇と闘う前に酒で大蛇を酔いつぶして眠らせてしまうという計略的な面もみられる。この点に関しては、古代における正義とはなんであったのかということにも関連してくることであり、興味深い問題といえよう。

さらに、『日本書紀』の第四および第五の一書から知られるように、須佐之男命は朝鮮半島とも関係深いことがうかがわれる。そして、自分の毛を抜きとって、それを木々に変えるといった行為からは、増殖と結びつく性格をも読み取ることが可能である。しかし、ここでいう増殖とは、農耕的なものではないことに留意する必要があろう。須佐之男命の場合、あくまでも木種についての増殖であって、農耕と直接結びつくものではないのである。しかし、それらの木々は、舟や宮殿を作るための材料である。さらに、こうした木々を生み出す手段は何かというと、みてきたように、自分自身の体毛を抜くという荒々しい行為にほかならない。

こうしたことからも理解できるように、『古事記』『日本書紀』にみられる須佐之男命の性格は、基本的にはあくまで〝荒々しさ〟である。また増殖神としての要素もみられるが、それは農耕的なものとは異なり、むしろ、産業や技術といった要素と結びつけてとらえる方がよいように思われる。そして何よりも、天照大御神をはじめとする高天原的世界からみると、須佐之男命は異端の神ということができよう。

■「大蛇」「剣」が指し示しているもの

最後に、『古事記』『日本書紀』の中における大蛇退治神話の役割についてのべることにしたい。まず、須佐之男命であるが、一般的には、高天原までと、出雲へ降ってからとではまるで異なっているようにとらえられている。しかし、そうではなく、荒ぶる神としての性格については一貫していることを指摘した。この点はとても重要である。つまり、須佐之男命は天神であり、荒々しい神なのである。

次に、退治される大蛇についてみると、今までにも多くのことがいわれてきている。たとえば、大蛇を水を支配する精霊のシンボルとみたり、より具体的に斐伊《ひい》川のこととする説がだされている。また、当時の出雲で実際に行なわれていた蛇祭の印象がより誇張されて、大蛇退治の神話ができあがったともいわれている。

こうした従来の見解には教えられるところが少なくないが、それとは別に大蛇の実像を追求するさいには、『古事記』や『日本書紀』が中央でまとめられた歴史書であるということを明確に意識する必要があろう。つまり、なぜこの大蛇退治神話が『古事記』『日本書紀』に記されているのか。また、どうして大蛇が登場し、須佐之男命に退治されなければならないのか、などといった点に注目してみていかなければならないということである。

こうした点を踏まえて、大蛇の実像について考えると、わたしは出雲それ自体がこの大蛇に象徴されているように思われる。中央、つまり大和の出雲支配の意識が、この大蛇退治神話に反映されているのではないかと考えるわけである。この意識が、在地の出雲に伝えられていた蛇神信仰などと結合し、あるいは歪曲されて大蛇退治という神話が成立したと思われる。

大蛇は、すでにみたように「八俣」「八岐」といった表記がつくのが普通であるが、たとえば、『日本書紀』の第三の一書や第四の一書には、たんに「大蛇」あるいは「蛇」としかでてこない。ということは、必ずしも「八」という数にはこだわらなくてもよいように思われる。むしろ、大蛇という異様な怪物にこそ意味があるといえよう。そしてこのような異形の大蛇の原形となったものとしては、出雲での民間信仰、および民間伝承が考えられ、それらが語り部などを通じて中央にも知られるところとなり、新たな神話として再構成されていったと考えられる。

それでは、大蛇の尾からでてきた都牟刈の大刀についてはどのように理解したらよいのであろうか。そもそも、須佐之男命の大蛇退治神話は、説話学的には、ペルセウス・アンドロメダ型の民譚《みんたん》に属しているとされ、世界的に分布がみられる。そのパターンはというと、ギリシアの英雄であるペルセウスがアンドロメダ姫を海の怪物から救うという英雄譚に集約される。つまり、怪物に襲われるヒロインをヒーローが守るというものであり、須佐之男命による大蛇退治も確かにこのカテゴリーに入るといえよう。

しかし、このタイプの説話には、英雄によって殺された怪物から剣がでてくるという場面が見られない。つまり、大蛇から都牟刈の大刀が出現するという点は、ペルセウス・アンドロメダ型説話のカテゴリーからみると例外的な要素ということになる。

しかし、『古事記』および『日本書紀』にみられる大蛇退治神話では、必ず大蛇から剣ができてきたことが記されている。つまり、大蛇退治神話においては、大蛇から剣がでてくることは不可欠の要素であり、重要な役割を担っていると考えられるのである。

この点について今までどのように考えられているかというと、出雲における砂鉄生産、そして、それにともなう刀剣の産出に関係している、とするのが一般的な理解である。確かに、『出雲国風土記』などにも産鉄および鉄製品についての記載がみられ、古代から出雲と鉄との関係の深さをうかがうことができる。

しかし、この都牟刈の大刀について考えるさいにも、大蛇退治神話が中央という場において形成されたものである、ということを忘れてはならない。わたしは、大蛇から剣を取り出したことよりも、むしろ、その剣を高天原に献上したという点にこそ重要性があると考えている。

都牟刈の大刀についての伝承は、『古事記』および『日本書紀』の本文・一書に合わせて五つみることができる。そして、その五つの伝承のうち三つまでもが高天原へ剣を献上したことを記している。この点はみのがせないと思われる。

わたしは、大蛇を出雲それ自体の象徴と考えたわけであるが、その延長として、都牟刈の大刀を服属のしるしの献上物と理解したい。大蛇は須佐之男命の前に屈し、その須佐之男命は剣を高天原へ献上することによって天照大御神に忠誠を誓う。つまり、『古事記』『日本書紀』の編纂者は、高天原の最優位性を語ることによって、中央政権の絶対性を強調しようとしたものと考えられる。剣はいうまでもなく武器である。しかも、出雲が砂鉄の産地であり、刀剣の生産地として知られていたと考えるならば、こうした神話の構成の効果はいっそう大きいといえよう。

また、剣には国魂《くにたま》が内在するという指摘もなされている。このことを踏まえるならば、剣の献上は、たんに武器を取り上げることを象徴しているのみではなく、そこに内在していると信じられている出雲の国魂を取り上げることも意味している。そして、そのことは現実的には、出雲の大和への服属ということを象徴しているということになる。

5 オオクニヌシと国譲り神話

■オオクニヌシの重要性

日本の神話の中で活躍する多くの神々の中でも、オオクニヌシは、とりわけ有名な神である。「記・紀」神話をみると、高天原《たかあまのはら》の天照大御神《あまてらすおおみかみ》に対して、地上の支配者としてオオクニヌシは描かれており、その重要性は、他の神々を圧倒している。しかし、オオクニヌシには、多くの謎がみられることも事実である。

たとえば、「記・紀」にみられる姿と、『出雲国風土記』にみられる姿とでは、大きな相違がみられるが、こうしたことの原因もいまだ明らかにされているとはいいがたい。また、「記・紀」にこだわってみても、オオクニヌシは、実に多くの名称をもっていることにおどろかされる。こうしたことは何によるものであろうか。さらに、オオクニヌシが鎮座している出雲大社についても、近年、十三世紀はじめの社殿をささえていた巨大柱が出現して、あらためて、オオクニヌシとの関係が問われている。こうしたことをふまえて、オオクニヌシの実像に迫ってみたい。

■「広大な国土の主人」の複雑な顔

まず、「記・紀」の中で注目したい点は、オオクニヌシの神名の多さである。オオクニヌシ自体は、「広大な国土の主人」という意味と考えられるから、開拓神とか農耕神といった性格をイメージすることができる。

この神名の他に、『古事記』をみると、オオクニヌシは、大穴牟遅《おおなむち》神・葦原色許男《あしはらのしこお》・八千矛《やちほこ》神・宇都志国玉《うつしくにたま》神といった四つの異称をもっている。また、『日本書紀』では、オオクニヌシという名称のほかに六つの名が記されている。

これらの名称についてみてみることにしよう。最初に、大穴牟遅神（大己貴命）についてみると、いくつかの解釈があるが、オオ―ナ―ムチと考えて、オオは文字通り「大」であり、ナは「土地」、ムチは「貴人」の意味とするのが最も穏当であろう。このように解釈すると、大きな土地を所有する主人となり、神名の意味としては、オオクニヌシと同様になる。

次に、葦原色許男（葦原醜男）はというと、葦原は、葦原瑞穂国に通じ、いわば日本ということになる。また、色許男（醜男）は文字通りに解釈すると、みにくい男ということになるが、これはそうではなく、野性的というかエネルギッシュな男という意味にとるべきである。つまり、日本で一番タフで強い男ということになろうか。

八千矛神（八千矛神）は、武器の矛を象徴した神と考えられ、ここからは武神のイメージをみいだすことができる。宇都志国玉神（顕国玉神）とか大国玉神という神名からは国玉、すなわち国魂の神という性格を読みとることが可能である。ここからは、その国（地域）全体を支配する偉大な神としての姿を感じる。

さらに、『日本書紀』にみられる大物主神はというと、たとえば、雄略《ゆうりゃく》紀七年七月三日条には、

天皇、少子部《ちいさこべ》連《のむらじ》蜾蠃《すがる》に詔して曰はく、「朕、三諸岳《みもろのおか》の神の形を見むと欲《おも》ふ。或いは云はく、此の山の神をば大物主神と為《い》ふといふ。或いは云はく、菟田《うだ》の墨坂《すみさか》神

なりといふ。汝、膂力人《ちからびと》に過ぎたり。自ら行きて捉て来」とのたまふ。

という伝承がみられる。この伝承は、とりもなおさず、三諸岳の神を大物主神とする考えがあったことを示している。つまり、大物主神は、三輪山（三諸岳）の祭神ということになる。

このようにみていくと、オオクニヌシには、多くの神名がみられ、それぞれの神名から多様な性格をうかがうことができる。そして、それらの性格は、ひとつのものに集約されるというよりは、個々に独立しているようにみうけられる。つまり、オオクニヌシの別名となっている神々は、本来、ひとつの神の性格であったと考えるよりも別々の神であったと考える方が自然である。すなわち、本来、別々の性格をもった複数の神々をひとつに統合したものが、「記・紀」のオオクニヌシということになろう。

■『出雲国風土記』のオオクニヌシの独自性

「記・紀」の中では、実に多くの神名をもち、複雑な顔をみせているオオクニヌシであるが、「記・紀」と同時期に在地で編《あ》まれた『出雲国風土記』をみると、その姿は一変する。

『出雲国風土記』は、天平《てんぴょう》五年（七三三）に、出雲国造であった出雲臣広島《いずものおみひろしま》を中心として、各郡の郡司《ぐんじ》らが協力して作られたものであり、神話の面からも中央で編纂された「記・紀」とは異なる独自性がみられる。

具体的に、『出雲国風土記』の中でオオクニヌシがどのように表記されているかというと、次のとおりである。

①天の下造らしし大神（11例）
②天の下造らしし大神命（9例）
③天の下造らしし大神大穴持命（7例）
④天の下造らしし大穴持命（1例）
⑤大神大穴持命（1例）
⑥大穴持命（1例）

これらの神名表記のうち、③・④・⑤・⑥にみられる大穴持命は、オオナモチノミコトであり、大己貴命と相通じる神名と考えられる。そして、何よりも、こうした神名表記で注目されることは、そのほとんどに、「天の下造らしし」という尊称が入っていることである。つまり、オオクニヌシは、天下を造った大神として認識され、最高神としての扱いをうけているのである。

さらに、神社に注目してみてみると、『出雲国風土記』には、出雲国内で神社が合計三百九十九社あると記載されている。その中でも、オオナモチ（オオクニヌシ）を祭神とする杵築《きづき》大社（出雲大社）と熊野《くまの》大神を奉斎する熊野大社の二社のみが「大社」という格付をなされている。

また、神々の表記に目を転じてみると、天の下造らしし大神とたたえられるオオナモチ（オオクニヌシ）と熊野大神・佐太《さだ》大神・野城《のぎ》大神の四神のみが「大神」と尊称されている。つまり、オオナモチは、自らは大神と称されるとともに、その社も大社という扱いをうけているわけである。

この大神・大社という扱いでは、熊野大神も同様であるが、『出雲国風土記』に登場する回数をみるならば、その差は歴然としたものになる。すなわち、熊野大神の登場回数が二回なのに対して、オオナモチ（オオクニヌシ）の場合、自身が神話の主人公として登場するものだけでも二十一回を数えることができる。

ちなみに、他の大神と称される佐太大神は二回、野城大神は一回のみである。こうしてみると、オオナモチ（オオクニヌシ）の『出雲国風土記』での頻度の高さは、文字どおり、群をぬいているといえよう。

■なぜ国譲りの是非の判断を御子にゆだねたのか

つぎに、オオクニヌシが、「記・紀」と『出雲国風土記』の中で、どのような行動をとっているかを具体的にみてみよう。

オオクニヌシに関する神話は、「記・紀」の中には豊富にみられるが、それらのうちでも、国譲り神話は、とりわけドラマチックなものである。この神話の舞台は、いうまでもなく出雲であり、内容的にも多く問題点を含んでいる。

まず、国譲り神話とはどのようなものであるかを、『日本書紀』巻二の第九段本文によってみておこう。

神話は、ニニギノミコトの誕生からスタートする。このニニギノミコトを地上の国である葦原中国《あしはらのなかつくに》の統治者にするために、高天原ではオオクニヌシに対して、彼が支配する葦原中国の譲渡を迫ることになる。まず最初に使者として立ったのが天穂日命《あめのほひのみこと》である。しかし、オオクニヌシのもとにつかわされた天穂日命は、すっかりオオクニヌシにとりこまれてしまい、三年もの間、高天原への報告を怠ってしまう。

そこで、高天原では第二の使者を立てることになる。その使者となったのが天稚彦《あめのわかひこ》である。しかし、この天稚彦もオオクニヌシの娘である下照姫《したてるひめ》と結ばれてしまい、さらに、自分が葦原中国の支配者になろうと野心をおこす。ちっとも報告のこない高天原では、無名雉《ななしきじ》をつかわして葦原中国の様子をうかがわせたところ、天稚彦は、高天原からたまわった天鹿児弓《あまのかごゆみ》と天羽羽矢《あまのははや》を使って、無名雉を射殺してしまう。矢は、雉の胸を射通して高天原へといたる。高天原で不審に思った高皇産霊尊《たかみむすひのみこと》がこの矢を地上へ投げ返したところ、矢は天稚彦の胸に刺さり、天稚彦は即死してしまう。

以上のような経過のあと、高天原から経津主神《ふつぬしのかみ》と武甕槌神《たけみかづちのかみ》とが葦原中国へ派遣されることになる。

二神は、出雲国の五十田狭《いたさ》の小汀《おはま》に降り立ったとされる。この浜は、現在の大社町の稲佐浜のことといわれている。ともあれ、この浜でオオクニヌシに国譲りを迫ることになる。

二《ふたはしら》の神、是《ここ》に、出雲国《いづものくに》の五十田狭の小汀に降到《あまくだ》りて、即ち十握剣《とつかのつるぎ》を抜きて倒《さかしま》に地に植《つきた》てて、其の鋒端《さき》に踞《うちあぐみにゐ》て、大己貴神に問ひて曰はく、「高皇産霊尊、皇孫《すめみま》を降《くだ》しまつりて、此の地に君臨《きみとしたま》はむとす。故《かれ》、先《ま》づ我二《われふたり》の神を遣して、駈除《はら》ひ平定《しづ》めしむ。汝《いまし》が意何如《こころいかに》、避《さ》りまつらむや不《いな》や」とのたまふ。

これが、その国譲りの場面である。十握剣を地面にさかさまにつき立てて、さあ、国譲りに応じるや否やというものであり、非常に強硬な姿勢が読みとれる。

これに対して、オオクニヌシの対応はというと、

時に、大己貴神対《こた》へて曰さく、「当《まさ》に我子に問ひて、然《しか》うして後に報《かへりことまう》さむ」とまうす。

というものであり、自分の御子である事代主神《ことしろぬしのかみ》にきいてから返事しましょう、と

いう何とも主体性のない消極的なものであった。

事代主神は、ちょうどこのとき、島根半島の東端の三穂《みほ》（美保）にいたので、さっそく熊野の諸手船《もろたぶね》（天鴿船《あめのはとふね》）に稲背脛《いなせはぎ》を使者として乗せて意見を問わせた。事代主神は、話をきくと即座に国譲りに応じましょうといって、自らは海中に八重の蒼柴離《あおふしがき》をつくって飛びこんでしまう。

こうした事代主神の行動をきいたオオクニヌシは、国土を平定したときに使った広矛を経津主神と武甕槌神に渡して、消え去ってしまう。このあと、経津主神と武甕槌神の二神が、従うことをこばむ神を平定して高天原へ復命することになる。

以上が、『日本書紀』にみえる国譲り神話である。全体的に内容をみて、まず感じることは、オオクニヌシの消極性である。国譲りを迫られたオオクニヌシは、その是非の判断を自分ではしないで御子神である事代主神にゆだねてしまっている。そして、事代主神が国譲りを承諾すると、オオクニヌシも国譲りに同意する。何とも主体性に欠けた行動といわざるを得ない。こうしたオオクニヌシの消極性については、『古事記』をみても大むね同様である。

ところが、『出雲国風土記』をみると、オオクニヌシの態度は、「記・紀」とはまったく違うのである。

■神話の「舞台」をめぐる謎

『出雲国風土記』は、その書名が記すように、基本的には地誌としての性格をもっている。したがって、そこにみられる多くの神話も、そもそもは地名の由来を説明するためのものである。したがって、「記・紀」神話にみられるような体系をもっているとはいいがたい。しかし、注意深く読んでいくと、さまざまな要素をみいだすことができる。国譲り神話についても、意宇《おう》郡の母理《もり》郷にその内容をみることが可能である。

ここでは、オオナモチ、すなわちオオクニヌシは、自らの言葉ではっきりと葦原中国の統治権を皇孫に譲ることを表明している。さらにそれのみでなく、出雲国だけは自分の支配する国であるとして、国譲りしないことを主張しているのである。すなわち、出雲国には青垣山をめぐらして玉を置いて、オオクニヌシ自身が鎮座するといっているのである。

また、この『出雲国風土記』の伝承で興味深いことは、位置の問題である。国譲りの舞台は、ふつうには出雲国の西部にあたる稲佐浜とされている。しかし、『出雲国風土記』では、出雲国の東部に位置する母理郷がその舞台となっている。こうした点に注目するならば、国譲り神話の舞台についても、さらに再検討する必要があるといえよう。

実際に、こうしたことをふまえて、「記・紀」神話にみられる国譲り神話の原形を『出雲国風土記』に求め、本来は出雲国の東部に伝えられていた神話であるという主張もみられる。

国譲り神話の舞台を東部と考えて『出雲国風土記』をみていくと、意宇郡の屋代《やしろ》郷の伝承に興味をひかれる。その内容は、天乃夫比《あめのふひ》命に従って天降りしてきた天津《あまつ》子《こ》命がこの地に鎮座したという簡単なものである。しかし、ここに登場する天乃夫比命という神の名称には注意が必要である。というのは、この神名は「記・紀」神話にみえる天穂日《あめのほひ》命ときわめて類似しているからである。

一般的には、この二神は同神とされている。もしそうであるならば、屋代郷の条もまた、国譲り神話と関連性がみられることになろう。この神話に姿をみせる伊支や天津子命については、他に関連する史料がないために、くわしいことは不明といわざるを得ない。したがって、この屋代郷の伝承を「記・紀」神話の中の天穂日命と関係づけてよいのか否かについては断定的なことはいえないのであるが、やはり神名の類似を考えるならば、無視することは難しいように思われる。

出雲の東部と西部の問題は、出雲の古代史を考える上で、とても重要な意味をもっているが、そのことはひとまずおいて、オオクニヌシの神話にもどるならば、『出雲国風土記』にみられる国譲り神話には、「記・紀」とは異なった世界が展開されていることが明らかである。何よりもオオクニヌシの性格がまったくといってよいほど違っているわけであり、こうしたギャップを読みとることが重要であると考えられる。

■出雲大社の創建と国譲り神話

「記・紀」にみられる国譲り神話は、出雲大社の神話的起源でもある。すなわち、オオクニヌシが国譲りの条件として出してきたものの宮殿こそが出雲大社にほかならないのである。

一方、同じく出雲大社の起源を語る神話でも、『出雲国風土記』をみると、異ったタイプの神話が記されている。すなわち、『出雲国風土記』の出雲郡の杵築《きづき》郷の条をみると、多くの神々が集ってきてオオクニヌシの宮殿を築《きず》いたというのである。

　このように、出雲大社の創建をめぐっても「記・紀」と『出雲国風土記』との間には、大きな相違がみられる。

　それでは、実際に出雲大社が造営されたのはいつごろであったかというと、その時期を明確にすることは困難である。よくいわれるのは、斉明《さいめい》天皇五年（六五九）に出雲国造に厳神之宮《いつかしのかみのみや》を造らせたという記事があり、この厳神之宮こそが出雲大社であるというのである。しかし、この厳神之宮については、熊野大社のこととする説や、必ずしも出雲大社のみに限定しなくてもよいのではないかという説もあって、やはり謎がのこされている。また、近年、出雲大社の本殿を支えていたと考えられる巨大柱の一部が発掘され、ますます出雲大社の謎は深まるばかりである。

■高層神殿を必要とした理由

　出雲大社の本殿の建築様式は、大社造といわれる独特のものである。特徴は、地上から床板までの高さがふつうの神社建築と比べて高いことで知られる。また、古さの面からも伊勢神宮の神明造とともに、もっとも古いタイプとされている。

現在の出雲大社の本殿は、礎石から千木《ちぎ》の先端まで八丈（約二四メートル）の高さを数える。もちろん、現在の社殿は古代からのものではない。いつのものかというと、延享《えんきょう》元年（一七四四）の造営である。つまり、江戸時代の中期のころに造られた社殿ということになる。

江戸時代には、慶長《けいちょう》十四年（一六〇九）と寛文《かんぶん》七年（一六六七）にも社殿の造営がなされている。慶長の造営のさいには境内に仏教建築が造られ、神仏習合の要素がみられるが、寛文期には、これらの仏教色は一掃された。現在の本殿、すなわち延享期の本殿は、寛文期のものと同じ形式・規模といわれている。

本殿の高さが八丈というのは、現存する神社建築としては破格のものであり、見るものをして驚かさずにはおかない。しかし、中古には何とその倍の十六丈（約四八メートル）であったとされ、上古にいたっては三十二丈もあったと伝えられている。三十二丈というと、およそ一〇〇メートル弱ということになり、さすがにこれは高すぎるというのが一般的である。そのため、この高さは、出雲大社の背後にそびえている八雲山の高さかともいわれている。

しかし、十六丈という高さについては建築学的にもおかしくないとされている。本殿の巨大性を裏づけるものとして、しばしば引きあいにだされるのが『口遊《くちずさみ》』の中にみえる記述である。『口遊』は、天禄《てんろく》元年(九七〇)に源為憲《みなもとのためのり》によってまとめられたもので、貴族の子弟の教養のためのテキストといった性格をもっている。その中に、当時の高層建築(塔を除く)のベスト・スリーを示すものとして「雲《うん》太《た》・和《わ》二《に》・京三《きょうさん》」という言葉が使われている。

すなわち、出雲国の出雲大社が一番であり、大和国の東大寺大仏殿が二番、平安京の大極殿が三番というのである。平安時代中期の大仏殿が十五丈とされていることを考え合わせると、出雲大社が十六丈あったとしても、少しもおかしくないということになる。

また、平安時代の末期に出雲大社に参詣した寂蓮《じゃくれん》法師が残した歌として、『夫木《ふぼく》抄《しょう》』には、

出雲の大社に詣て見侍ければ天雲たな引山のなかまてかたそきのみえけるなん此世の事とても覚えさりける

やはらくる光や空にみちぬらん雲にわけ入ちきのかたそき

と記されている。寂蓮法師が出雲大社に参詣して、雲の中にわけ入っている片削の千木をまのあたりにしてその高さに驚いている姿が目にうかぶようである。

さらに、出雲国造家である千家《せんげ》家には、「金輪御造営図《かなわのごぞうえいず》」と称する本殿の設計プランを描いた図面が残されている。これは、本居宣長《もとおりのりなが》の『玉勝間《たまかつま》』に載せられていることでも知られる。これをみると、本殿を支える柱が、三本の材木を一本にしめて使用されるように描かれている。

こうした種々の文献を裏づけるような発見が、二〇〇〇年になされてマスコミを大いに騒がすことになった。現在の本殿の手前の部分から、十三世紀の本殿の柱と考えられるものが出現したのである。さらに、その柱は、一本の柱の直径がおよそ一・三メートルのものを三本ひとまとめにした形で出現したのである。この三本ひとまとめにして一本にした柱の直径は三メートルにもおよぶ。

この巨大柱の発見は、「金輪御造営図」の正しさを再認識させることになり、出雲大社の本殿の高層性をあらためて考えさせることになった。もちろん、このことで、すぐに本殿の高さ十六丈説が歴史的事実とされるわけではないが、かなりの高さをもった本殿があったであろうことは疑いのないことになった。

とするならば、あらためて、このような巨大な本殿を出雲大社はなぜ必要であったかが興味の対象となってこよう。そこには、当然のことながら、出雲大社の祭神であるオオクニヌシの性格といったことも加味されて考えられなくてはならないと思われる。わたし自身は、高さをもった出雲大社の本殿に海人信仰を背景とした灯台としての役割を見出し、オオクニヌシの性格に海洋性を指摘したいと思っている。そして、オオクニヌシを信仰する海の民の存在を考えたいと思っている。

6　大年神をめぐる謎

■大年神の出自

大年神は『古事記』には姿をみせるが、『日本書紀』には登場しない神である。その性格は穀物神とされている。それは、神名に含まれる「年」が、一年をかけて穀物が熟すということにつながるからであるといわれている。

この大年神の出自を具体的に『古事記』によってみてみると、大年神はスサノオ神の御子神とされている。ヤマタノオロチ退治神話のあとにスサノオ神の神統譜が記されており、大年神は、宇迦之御魂神と共に、スサノオ神と神大市比売との間に生まれた神ということになる。ここに登場する宇迦之御魂神もまた穀物神である。

このスサノオ神の神統譜の最後に登場するのがオオクニヌシであり、『古事記』

の神話はこのあと、オオクニヌシを主人公としてストーリーが展開していく。つまり、オオクニヌシの国づくりの神話、そして、そのあとの国譲り神話へと続いているのであるが、その間に大年神の神統譜があたかも割り込むような形で入っている。それも、量的にみてかなりの分量を占め、まるで国づくり神話から国譲り神話へという流れを分断するかのような印象を与えかねない様相を呈している。

大年神の神統譜をみるならば、その系譜には穀物に関係した神が集中的にみられる。そして、こうした系譜は、『日本書紀』にはまったくみることができない。たとえば、スサノオ神の神統譜をみても大年神は出てこないし、国譲り神話の前にも大年神の神統譜は記されていない。なぜ、こうしたことが起きるのか、ということは「記・紀」神話の中の謎のひとつとして考えてみなくてはならない問題といえよう。

■「記・紀」の相違点の意味

『日本書紀』には、すでにのべたように大年神に関する系譜類は記されていない。したがって、神話の流れは、

スサノオのヤマタノオロチ退治↓スサノオの末裔としてオオクニヌシが誕生↓オオクニヌシの国づくり・国土平定↓天孫への国譲り

という順で展開していく。一方、これに対して『古事記』の場合には、大年神の系譜を記載に含むため、

スサノオのヤマタノオロチ退治↓スサノオの末裔としてオオクニヌシが誕生（スサノオの御子神として大年神が登場）↓オオクニヌシの国づくり・国土平定↓大年神の神統譜↓天孫への国譲り

という展開になっている。

■『古事記』の大年神の記述は不可欠だった

『日本書紀』と『古事記』の神話の流れを比較すると、明らかに『日本書紀』の方がスムーズである。『古事記』は、大年神に関することがらが入っているためにス

トーリーの展開がわかりにくくなっている。つまり、大年神関連のことがらは、ないほうがよいように思われるのである。事実、『古事記』の神話の流れについては、スサノオの神話↓オオクニヌシの国作り神話↓天孫への国譲り神話という中に、まったく関係のない大年神がまぎれこんでいるという指摘もみられる。

しかし、こうした考えは、『古事記』の編纂者の意図を切りすてることになるのではなかろうか。つまり、『古事記』の場合、大年神の記載が不可欠と考えられていたのではなかろうか、ということである。

こうした視点に立ってみると、大年神は系統神も含めて穀物神もしくはそれに関連した神が多くみられるということから、ひとつの考えがわいてくる。それは、須佐之男命の神統譜には、二つの流れがあるのではなかろうか、という推測である。

すなわち、ひとつは御子神である八島士奴美神《やしまじぬみのかみ》からその子の布波能母遅久奴須奴神《ふはのもぢくぬすぬのかみ》へと続く系統であり、この系統の最後に姿をみせるのがオオクニヌシ神ということになる。

そして、もうひとつは須佐之男命の御子神の大年神からその子である大国御魂神へと続く系統で、この系統はさらに羽山戸神から枝わかれが生じている。これらのうち、オオクニヌシ神へと向かう系統は、いわば政治的な流れを構成し、穀物神である大年神の系統は、経済的な流れを示しているように思われる。

すなわち、須佐之男命の神話のあと、オオクニヌシ神の神話をひととおりのべて政治的な流れをまとめたのち、大年神の経済的な流れについても説明を加えようというのが『古事記』の編纂のねらいだったのではなかろうか。

それに対して、『日本書紀』の方は、政治的な流れを重要視して、それをより強調しようとしたために大年神関係の系譜はカットされたと推測することができる。

つまり、大年神に関する記載を採用するか否かにも「記・紀」両書のそれぞれの編纂意図・方針がみえかくれしているといえるのである。

7　天孫降臨神話

■不可思議なタカミムスヒの存在

高天原《たかあまのはら》の主宰《しゅさい》神といえば、まず、アマテラスをあげるのが一般的であろう。高天原からの天孫降臨のさいにも、アマテラスの命をうけて、孫神にあたるニニギが日向《ひむか》の高千穂《たかちほ》に向かう、というのがオーソドックスな天孫降臨神話と思われがちである。

しかし、『古事記』『日本書紀』にみられる天孫降臨神話をひとつひとつ詳しくみていくと、興味深いことに気がつく。それは、降臨を司令する神に関してであるが、むしろアマテラスの他にタカミムスヒの存在がみられるのである。というよりも、むしろ頻度的にはタカミムスヒの方が高いのである。したがって、頻度の面からいうと、皇祖神はアマテラスとするよりもタカミムスヒとした方がよいのではないかという考えもでてくることになる。

そもそもアマテラスは、黄泉国《よみのくに》から逃げ帰った伊邪那岐命《いざなきのみこと》が禊祓《みそぎ》をしたさいに左眼から生まれた神である。このとき右眼からは月読命《つくよみのみこと》、鼻からは須佐之男命《すさのおのみこと》がそれぞれ誕生している。アマテラスは三貴子のなかでも最も神格が上に位置づけられているといえる。一方、タカミムスヒをみると、『古事記』では冒頭の天地開闢《かいびゃく》のところで、天之御中主神に次いで二番目に誕生した神とされている。また、『日本書紀』では、やはり、天地開闢を記した所伝のなかの第四の一書では、国常立尊、国狭槌尊、天御中主尊に続いて誕生したことになっている。このことからもわかるように、タカミムスヒの神格もきわめて高いといえる。

さらに、『日本書紀』の顕宗《けんぞう》天皇三年条に、日神が神がかりして「我が祖高皇産霊に磐余《いわれ》の田を献れ」と託宣《たくせん》したとあるように、タカミムスヒも皇祖神として認知されていたと理解できる点もみられる。つまり、皇祖神としてアマテラスの他にタカミムスヒを考えることも可能なわけである。

■降臨を命じた神の変化

そこで、『古事記』、『日本書紀』の天孫降臨神話を具体的にとりあげ、アマテラスとタカミムスヒがどのように扱われているかみていくことにしたい。

まず、『古事記』からみるならば、アマテラスが高木神《たかぎのかみ》の命をうけてアメノオシホミミに降臨を指令している。ここに登場する高木神とはタカミムスヒの別名とされている。降臨を命じられたアメノオシホミミは、自分の代わりに子のニニギの降臨を申し出るのであるが、ニニギは高木神の娘である万幡豊秋津師比売《よろずはたとよあきつしひめ》との間に生まれた子である。つまり、系譜的には、

アマテラス――アメノオシホミミ
　　　　　　　　　　‖――ニニギ
　　　　タカミムスヒの娘

ということになる。

次に『日本書紀』に目をやると、第九段の本文では、タカミムスヒが皇祖として

登場している。

第九段には、本文の他に八つの一書が載せられており、その第一の一書ではアマテラスが降臨の指令をおこなっている。それに対して、第二の一書では、タカミムスヒとアマテラスの二神が司令神としての役割を果たしている。第三の一書には、司令神についての記述がみられず、第四の一書では、タカミムスヒが降臨を命じている。次いで第五の一書には司令神は登場せず、第六の一書ではタカミムスヒが司令神となっている。第七と第八の一書には司令神の記述はみられない。

以上のような『古事記』と『日本書紀』の記述を全体的にながめると、降臨を司令する神について次のようにグループ化することができるように思われる。

A　タカミムスヒを司令神とする…『日本書紀』の本文および第四と第六の一書
B　アマテラスがタカミムスヒの命を受けて降臨を司令する…『古事記』
C　タカミムスヒとアマテラスの二神が司令神として登場…『日本書紀』第二の一書
D　アマテラスを司令神とする…『日本書紀』第一の一書

このように、AからDのようにグループ化してみると、さらにこれらの四つのグループには、A↓B↓C↓Dというような動きを想定することができよう。つまり、降臨の司令神は、タカミムスヒからアマテラスへと変化していると考えることが可能である。

■なぜ皇祖神は入れ替わったのか

それでは、こうした司令神の変化、すなわち皇祖神が入れ替わった時期や理由についてどのようにとらえたらよいのであろうか。これは重要な問題であるが、結論を明確にすることは容易ではない。

従来いわれていることは、天武《てんむ》・持統《じとう》朝に大きな変化があったのではなかろうか、ということである。その理由としては、天武・持統朝における神祇《じんぎ》制度の改変・整備があげられており、より直接的には持統天皇およびその後の皇位継承が天孫降臨と類似していることが指摘されている。特に皇位継承の順についてはみのがすことができない。

天武天皇が崩御《ほうぎょ》したのち、持統天皇は皇后として称制をとったが、三年後に皇太子の草壁《くさかべ》皇子が死去したため自らが即位した。そして、持統天皇十一年（六九七）に草壁皇子の子、すなわち持統天皇の孫である軽皇子《かるのみこ》（珂瑠王《かる》）を皇太子に立て、半年後に譲位したのである。ここには、持統天皇―草壁（子）―珂瑠（孫）といった系譜がみられるわけであり、これは天孫降臨神話におけるアマテラス―アメノオシホミミ（子）―ニニギ（孫）という系譜に類似している。

持統天皇にとって、草壁皇子が亡くなったあと、自分と天武天皇の血統を受け継ぐ珂瑠王の即位、すなわち文武《もんむ》天皇の誕生を実現させることは最大関心事であったであろう。この持統天皇から文武天皇への皇位継承を正統化し保証するための大きな拠りどころとして形成されたのが、アマテラスを司令神とする天孫降臨神話ということになる。

こうした理由によって、本来、皇祖神としての役割を担っていたタカミムスヒは、その地位をアマテラスにあけわたすことになったとされるのであり、このように考えてよいとするならば、皇祖神の転換は七世紀の後半から八世紀の前半の時期にかけておこなわれたということができよう。

第2章

伝説から歴史へ

皇位継承とヤマト政権をめぐる謎とは？

8　初期天皇の皇位継承

■神代と新しい時代をつなぐ――神武天皇

『古事記』や『日本書紀』によって初代の天皇とされる神武《じんむ》天皇は、多くの謎にみちた天皇である。彦波瀲武鸕鷀草葺不合尊《ひこなぎさたけうがやふきあえずのみこと》と玉依姫《たまよりびめ》との間の子で、名は彦火火出見《ひこほほでみ》となっている。この名前自体からしてまぎらわしい。というのは、神武の祖父は海《うみ》幸《さち》・山幸《やまさち》の山幸であり、名前は、やはり彦火火出見なのである。つまり、山幸と海《わた》神《つみ》の娘である豊玉姫《とよたまびめ》の間にできたのが葺不合尊であり、その葺不合尊と海神の娘の玉依姫との間の子が神武天皇ということになる。おまけに豊玉姫と玉依姫はともに海神の娘であり姉と妹の間柄である。何やらとても複雑な関係なのである。

『古事記』は上巻が神代にあてられており、神武は中巻の冒頭に位置づけられている。『日本書紀』は巻一・巻二が神代で、巻三が神武天皇から始まっている。したがって、「記・紀」はともに神武天皇の時代は、それまでの神代とは異なった新しい時代と認識していることがうかがわれる。こうした中で、これらの系譜上の類似は何をものがたっているのであろうか。ひとつには、神代との継続性を強調しようとしているとみることも可能であろうし、また、神代と人代の天皇を結ぶ役割を神武天皇がはたしているためであるともいわれている。

　このように名前からして問題のみられる神武天皇であるが、「記・紀」の伝承をみると十五歳のとき皇太子《ひつぎのみこ》となり、四十五歳にいたって東方へ進み都を営むことを兄弟や子供たちにはかっている。いわゆる神武東征伝承のスタートである。そして、瀬戸内海を東に向かい難波碕《なにわのみさき》に上陸するのであるが、このあと長髄彦《ながすねひこ》の抵抗にあって退却をよぎなくされる。神武天皇は紀伊《きい》へ回り、熊野《くまの》の荒坂津《あらさかのつ》から進撃を再開し、いく度かの戦いののち、大和《やまと》の橿原《かしはら》の地に都造りを開始することになる。そして、正妃《むかひめ》を広くさがし求めて媛蹈鞴五十鈴《ひめたたらいすず》媛に決定する。この媛蹈鞴五十鈴媛については、『日本書紀』は事代主《ことしろぬし》神が三島溝橛耳《みしまみぞくいみみ》神の娘である玉櫛媛《たまくしひめ》をめとって産んだ子としているが、『古事記』は大物主《おおものぬし》神と三島湟咋《みぞくい》の娘の勢夜陀多良比売《せやだたらひめ》の間の子とし表記も富登多多良伊須須岐比売《ほとたたらいすすきひめ》（別名、伊須気余理比売《いすけよりひめ》）としている。

大物主神と事代主神はともに出雲《いずも》系の神で父子関係にあたる。したがって、両神は密接な関係をもっているが、いうまでもなく別神であり、「記・紀」にはこのように相違がみられることも事実である。

正妃を決定した神武天皇は、辛酉《しんゆう》の年の春正月に橿原宮《かしはらのみや》で即位し、神武元年とする。さらに、正妃を皇后《おおきさき》としたとある。そして、神武四十二年正月三日に、皇后との間にできた神渟名川耳尊《かむぬなかわみみ》を皇太子とし、七十六年三月十一日に崩《かむあがり》し、翌年九月十二日に畝傍山《うねびのやま》の東北陵《うしとらのみささぎ》に葬られた。時に百二十七歳であったという。

これは『日本書紀』による伝承であり、『古事記』には百三十七歳で崩じ、陵《みささぎ》は「畝傍《うねび》山の北方の白檮尾《かしのお》の上《ほとり》に在《あ》り」としている。年齢の相違については、本居宣長も『古事記伝』のなかで廿と卅の一画を誤ったのか異伝があったのか決め難いとしている。

このように「記・紀」の神武天皇についての伝承にはさまざまな問題点があるが、なかでも最も重要なのは、辛酉の年に即位したとする紀年《きねん》の問題であろう。この点については、中国古代の讖緯説《しんいせつ》の辛酉革命《かくめい》説に基づいているということが平安時代の三善清行《みよしきよつら》によっていわれ、江戸時代の伴信友《ばんのぶとも》がうけつぎ、那珂通世《なかみちよ》によって定説化された。すなわち、干支《かんし》が一巡する六十年を一元《げん》とし、二十一元（千二百六十年）を一蔀《ぼう》として、その始めの年が辛酉で、天命が革《あらたま》るというのが辛酉革命説である。これを用いて、推古《すいこ》天皇九年の辛酉年から逆算して二十一元さかのぼった年を神武天皇の即位の年としたというものである。その結果、『日本書紀』の紀年が実際よりも大幅に長くなってしまい、初期の天皇が異常に長寿であるという虚構性が生み出されることになったのである。したがって、神武天皇についても一部に実在性を認める説はあるものの、架空の天皇とするのが定説となっている。

■画一的な記述の背景―綏靖天皇から開化天皇まで

二代目の天皇とされる綏靖《すいぜい》天皇から九代目の開化《かいか》天皇までは、いずれも伝承が短く、『日本書紀』では、巻四に一括されてしまっている。

まず、綏靖天皇をみると、神武天皇の第三皇子で母は媛蹈鞴五十鈴媛《ひめたたらいすずひめ》である。神武天皇の死後、母違いの兄である手研耳《たぎしみみ》が綏靖天皇を亡きものにしようとしたので逆に射殺して皇位につき葛城高丘宮《かつらきのたかおかのみや》を都にした。『日本書紀』では即位後三十三年に八十四歳で崩じたとなっているが、『古事記』には崩年《ほうねん》干支はなく、年も四十五歳となっている。

次の安寧《あんねい》天皇は、綏靖天皇と皇后の五十鈴依媛《いすずよりひめ》との間の子で、綏靖天皇二十五年に二十一歳で皇太子となった。綏靖天皇の死後、即位して片塩浮孔宮《かたしおうきあなのみや》を都とした。『日本書紀』では三十八年十二月乙卯《いつぼう》（六日）に五十七歳で崩じたとあるが、『古事記』には崩年干支はなく、年齢も四十九歳とある。

四代目の懿徳《いとく》天皇は、安寧天皇の第二皇子で、母は皇后の渟名底仲媛《ぬなそこなかつひめ》である。安寧天皇十一年に十六歳で皇太子となり、安寧天皇の死後、天皇となった。軽曲《かるのまがり》狭宮《おのみや》を都とし、三十四年間在位した。『日本書紀』には、九月辛未《しんび》（八日）に七十七歳で崩じたとあるが、『古事記』には崩年干支はなく、四十五歳で崩じたと記されている。

五代目の孝昭《こうしょう》天皇は、懿徳天皇と皇后天豊津媛《あまとよつひめ》の間の子で、懿徳天皇二十二年に皇太子となり、懿徳天皇の死後、即位して掖上池心宮《わきのかみいけごころのみや》を都とした。『日本書紀』は、八十三年八月辛酉（五日）に百十三歳で崩じたとし、『古事記』は崩年干支を記さず九十三歳で崩御《ほうぎょ》とする。

六代目の孝安《こうあん》天皇は、孝昭天皇の第二皇子で、母は皇后の世襲足媛《よそたらしひめ》である。孝昭天皇六十八年に皇太子となり、孝昭天皇の死後、皇位についた。室秋津島宮《むろのあきづしまのみや》を都とし百二年間統治した。『日本書紀』では正月丙午《へいご》（九日）に百三十七歳で崩じたとし、『古事記』では崩年干支はなく、百二十三歳で崩じたことになっている。

七代目の孝霊《こうれい》天皇は、孝安天皇と皇后の押媛《おしひめ》の子で、孝安天皇七十六年に立太子、孝安天皇の崩御ののち黒田盧戸宮《くろだのいほとのみや》を都として即位した。治世七十六年で、『日本書紀』によると二月癸丑《きちゅう》（八日）に百二十八歳で、『古事記』によると崩年干支は不明で百六歳で崩じた。

八代目の孝元《こうげん》天皇は、孝霊天皇と皇后細媛《ほそひめ》の間の子で、孝霊天皇三十六年に皇太子となり、孝霊天皇の死後、即位して軽境原宮《かるのさかいはらのみや》を都とした。五十七年の統治ののち『日本書紀』では九月癸酉（三日）に百十六歳、『古事記』では崩年干支はなく、五十七歳で崩じたとある。

最後の九代目の開化天皇は、孝元天皇の第二皇子で、母は皇后の鬱色謎《うつしこめ》である。孝元天皇の二十二年に皇太子に立ち、孝元天皇の死をうけて即位、春日率川宮《かすがのいざかわのみや》を都とした。在位は六十年間で、『日本書紀』には、十月乙卯（三日）に崩じたとあり年齢は百十一歳となるが、一説として百十五歳とも記している。『古事記』では崩年干支はなく、六十三歳である。

このように、二代から九代までの天皇は、何よりも伝承が短く、しかも出自↓立太子の時期↓前天皇の死後の即位↓都↓後継者の決定↓崩御というように内容もほとんど画一的である。これらのことや『古事記』にいずれの天皇も崩年干支が記されていないことなどを根拠に、二代から九代までの天皇は架空とするのが一般的である。

■豊富な伝承に彩られる―崇神天皇・垂仁天皇

崇神《すじん》天皇は十代目の天皇とされ、「記・紀」に豊富な伝承がみられる。開化天皇の第二皇子とされ、母は皇后の伊香色謎《いかがしこめ》である。開化天皇二十八年に十九歳で皇太子となり、開化天皇の没後、即位して孝元天皇の皇子である大彦《おおびこ》の娘御間城姫《みまきひめ》を皇后として、磯城瑞籬宮《しきのみずかきのみや》を都とした。

六十八年間の統治のなかで主なものを「記・紀」からひろい出すと、まず、崇神天皇五年に疫病が流行したため三輪山《みわやま》の神を祀った。『日本書紀』によると大田田《おほたた》根子《ねこ》に三輪の大物主神《おおものぬしのかみ》を祭らせ、長尾市《ながおち》に倭《やまと》の大国魂《おおくにたま》神を祭らせたと記されている。十年には四道《しどう》将軍を各地に派遣したことがみえている。『古事記』では三道であるが、『日本書紀』では大彦命を北陸に、武渟川別《たけぬなかわわけ》を東海に、吉備津彦《きびつひこ》を西道に、丹《たに》波道主《わのちぬし》命を丹波にそれぞれ派遣している。十二年には戸口の調査をおこない、男に対して弭調《ゆはずのみつき》、女に対して手末調《たなすえのみつき》といった調を定めた。これによって天神地祇《あまつかみくにつかみ》が和らいで天下が平穏になったので人々は喜び、崇神天皇を「御肇国天皇《はつくにしらすすめらみこと》」と称したとある。このハツクニシラススメラミコトとは、文字どおり解釈すると、初めて国を統治した天皇ということになり、『古事記』では「所知初国」天皇と表記されている。

また、『日本書紀』には、六年に天皇の居所に祭った天照大御神《あまてらすおおみかみ》を倭の笠縫邑《かさぬいのむら》に移したことや六十年に出雲大神《いずものおおかみ》の神宝《かむたから》を献上させたことなどもみえる。そして、六十八年十二月壬子《じんし》（五日）百二十歳で崩じたと『日本書紀』は伝えており、『古事記』は百六十八歳としている。

これらの伝承の中で最も問題となるのは、やはりハツクニシラス天皇であろう。十代目の天皇がなぜこう呼ばれるのかという点である。初代とされる神武天皇も

「始馭天下之天皇《はつくにしらすすめらみこと》」と称されており、二人のハツクニシラス天皇が存在することになる。この点については次項で触れるが、実在した初代の天皇は崇神天皇であるとする説が定説であり、この称号を国土の創設者という意味としてとり、両者につけられてもかまわないとする説などもある。

崇神天皇の第三皇子として生まれた垂仁《すいにん》天皇は、皇后の御間城姫《みまきひめ》を母とし、崇神天皇四十八年に夢占《ゆめうら》によって皇太子となり、崇神天皇の死後、即位して纏向珠城宮《まきむくたまきのみや》を都とした。「記・紀」によって伝承を追うと、四年に皇后狭穂姫《さほびめ》の兄である狭穂《さほ》彦《びこ》の謀反《むほん》事件があり、七年には野見宿禰《のみのすくね》と当摩蹶速《たぎまのけはや》とによる相撲《すもう》の起源伝承、二十三年にはものをいわぬ誉津別《ほむつわけ》王に関する伝承がみられる。さらに、二十五年には天照大御神を伊勢の磯宮《いそのみや》に祭ったことや三十二年には埴輪《はにわ》の起源伝承があり、八十八年には天日槍《あめのひほこ》伝承がみられる。

そして、九十年に田道間守《たじまもり》に命じて不老不死の非時《ときじく》の実を求めさせたが間に合わず、九十九年七月戊午《ぼご》（一日）に百四十歳で崩じたと『日本書紀』は記している。

このように垂仁天皇は多くの伝承をもち、ともすると崇神天皇の陰にかくれがちであるが、「記・紀」の中で重要なウェイトを占める天皇といえる。

■国土平定の意味するもの──景行天皇

第十二代天皇と伝えられる景行《けいこう》天皇は、垂仁天皇の第三皇子で母は皇后の日葉洲《ひばす》媛《ひめ》である。垂仁天皇三十七年に二十一歳で皇太子となり、父の死後、即位して纏向《まきむく》日代宮《ひしろのみや》を都とした。景行天皇には多くの妻がみられ、皇后播磨稲日大郎姫《はりまのいなびのおおいらつめ》との間に日本武尊《やまとたけるのみこと》、のちに皇后となった八坂入媛《やさかいりびめ》との間に成務《せいむ》天皇・五百城入彦《いほきいりびこ》というように子供も多く、全部で八十人の皇子女があったとされる。これらのうち、日本武尊・成務天皇・五百城入彦以外はすべて諸国へいかせ、子孫たちは各々の国の別《わけ》となったという。

景行天皇についての「記・紀」の伝承の中でもっとも知られるのは日本武尊の西征・東征伝承であろう。『日本書紀』によると、景行天皇二十八年に熊襲《くまそ》がそむき日本武尊が平定におもむくことになる。川上梟帥《かわかみのたける》を倒し熊襲を平定した日本武尊は、四十年にこんどは蝦夷《えみし》を征討するため東へ向かうことになる。そして、帰路、能《の》褒野《ぼの》で病没するのである。『古事記』にはこれらに加えて出雲平定の伝承もみられる。また、『日本書紀』には、景行天皇自らによる熊襲平定の伝承もみられ、こうした景行天皇の一連の九州への巡行は『肥前国風土記《ひぜんのくにふどき》』や『豊後国風土記《ぶんご》』にも豊富にみられる。

そして、景行天皇は六十年の統治ののち、『日本書紀』では十一月辛卯《しんぼう》（七日）に百六歳で崩じたとあり、『古事記』は百三十七歳とする。

日本武尊については架空の人物とする説が一般的であり、したがってその伝承もそのまま史実とみなすことはできない。また、景行天皇自身の熊襲平定も日本武尊の伝承に加えられた後次的なものとされている。さらに、七十七人の子供たちの諸国への派遣も史実とは認めがたい。しかし、景行天皇に関してこのような伝承が多くみられることには注意する必要がある。つまり、そこにはヤマト政権による全国的支配の確立をこの時期におこうとする「記・紀」の編纂者《へんさんしゃ》の意図を読みとることができるのである。

■簡略化された伝承—成務天皇・仲哀天皇

成務《せいむ》天皇は景行天皇の第四子で母は皇后の八坂入姫《やさかいりびめ》である。景行天皇の五十一年に皇太子となり、景行天皇の没後、皇位につき在位六十年ののち崩御した。『日本書紀』では六月己卯《きぼう》（十一日）のことで百七歳であったとし、『古事記』は九十五歳とする。また、『日本書紀』では皇妃や子女についての記載がみられないが、『古事記』では、弟財郎女《おとたからのいらつめ》をめとり和訶奴気《わかぬけ》王を産んだことが記されている。

伝承がいちじるしく簡略で、『日本書紀』には造長《みやつこおさ》・稲置《いなき》の設置、『古事記』には国造《くにのみやつこ》・県主《あがたぬし》の設置がそれぞれみられるが、いずれもこの時期のこととは認めがたい。このことは成務天皇の実在性の乏しさをものがたっており、架空の天皇とする説が強い。

成務天皇の次に立った仲哀《ちゅうあい》天皇も具体的な記述の少ない天皇である。父は日本武尊で母は垂仁天皇の娘の両道入姫《ふたじのいりびめ》である。『日本書紀』によると、成務天皇に子がなかったために皇太子となり、成務天皇の死後、即位したことになっている。仲哀天皇二年正月に気長足姫《おきながたらしひめ》を皇后とした。神功皇后《じんぐうこうごう》である。そして、三月に熊襲平定に出発するのである。この熊襲平定伝承が仲哀天皇に関する所伝のすべてといってよく、しかも内容をみると神功皇后のウェイトが非常に大きく、むしろ、神功皇后が主人公といってもよいくらいなのである。

そして、熊襲平定に関しては神功皇后に神が二度もかかって反対するのであるが、仲哀天皇はききいれずに強行し、失敗に帰すのである。もどった仲哀天皇は九年二月丁未《ていび》（五日）に急に病気となり翌日、五十二歳で崩じてしまう。神の言葉をうけいれなかったからであるという。『日本書紀』は仲哀天皇の死因について、一説として熊襲の矢にあたって戦死したと記している。

いずれにしても、仲哀天皇の死については不自然な点がみられ、こうしたことから王朝の交替が説かれている。すなわち、崇神天皇に始まる三輪を拠点とする王朝が仲哀天皇で絶え、このあとの応神《おうじん》天皇からは別の系統の王朝になるというのである。こうした王朝交替を三王朝交替説として最初に体系づけた水野祐《みずのゆう》博士によると、九州へ遠征した大和の王である仲哀天皇は、九州の王である応神天皇に敗れ、大和の王朝もこれによって滅びたということになる。そして、九州では応神天皇の子の仁徳《にんとく》天皇の代になって大和への東征をおこなったとする。さらに、このときの東征が背景となって神武天皇の東征伝承がつくられたとする。水野説の細部にわたっては異論がみられるが、仲哀天皇で王朝の断絶がみられるという点については現在、広く承認されているといってよいであろう。

9　天皇の寿命を定めた女神たち

■寿命についての古代人の解釈

いかに権力や財力のある人でも、死はいつかはやってくる。どんな人でも死から逃れることはできないのである。それは、古代人によって神とされた天皇でさえもその例外ではなかった。こうした現実を古代人が神話の上で合理的に解釈したのがコノハナノサクヤビメをめぐる伝承である。

記・紀神話にみられるニニギノミコトとコノハナノサクヤビメ、そして姉のイワナガヒメをめぐる物語は、非常に人間的である。しかし、丹念に神話をみていくと、そこには単に人間的なドラマが展開されているというだけではなく、『古事記』と『日本書紀』との間の微妙な相違をも読みとることができる。

まず、『古事記』から具体的にその内容をみてみることにしたい。物語は、ニニギノミコトが笠沙御前《かささのみさき》でうるわしい女性に出会うところから始まる。コノハナノサクヤビメの美しさにひかれたニニギノミコトは、すぐに求愛するが、コノハナノサクヤビメは父親にきいてほしいといって、自分からは答えることをしない。そこで、ニニギノミコトが大山津見神にたずねたところ、大変喜んでコノハナノサクヤビメだけでなく、姉のイワナガヒメも一緒にとさし出してきた。しかしながら、姉のイワナガヒメは容姿がとても醜かったので拒否されてしまう。

この姉妹については、彼女たちの名称から判断しても、コノハナノサクヤビメのほうは、花が咲き誇っているような美しい印象を受ける。

ちなみに、『古事記』にみえる須佐之男命の神統譜の中には、「木花知流比売《このはなのちるひめ》」の名が記されている。このコノハナノチルヒメもまた大山津見神の娘で、須佐之男命の子の「八島士奴美神《やじまじぬみ》」と結ばれて、「布波能母遅久奴須奴神《ふはのもぢくぬすぬ》」を生んでいる。

コノハナノサクヤビメとコノハナノチルヒメとは、いうまでもなく対照的な神名である。須佐之男命の神統譜には、コノハナノチルヒメについて父神の名を記すのみで具体的な記述はみられない。

したがって、詳細については不明としかいいようがないわけであるが、コノハナノサクヤビメと同じく大山津見神を父神としていることから、ペアの関係にあると考えてさしつかえないであろう。

そして、両女神とも「花」という、いわば美の象徴ともいえる語句を神名にもち、一方は「サク」、また他方は「チル」という語句をもっていることをふまえるならば、コノハナノサクヤビメを美の盛りの神、コノハナノチルヒメを美しさを失った神とみることもできよう。

そして、このことは、言葉を変えるならば、コノハナノチルヒメの存在があるからこそ、その対極にいるコノハナノサクヤビメの美しさが強調されるわけであり、美の化身といったイメージをわたしたちに喚起させるといえるであろう。

また、それとはちがった意味でコノハナノサクヤビメと姉のイワナガヒメも対極にある神といえる。

それは、美の象徴ともいうべきコノハナノサクヤビメに対して、イワナガヒメのほうは、神名に「石《いわ》」の字句を含んでいることからも想像できるように、ごつごつとした石のイメージがわき、どうみても美しいとは感じられない。事実、『古事記』

には、「凶醜《みにく》き」とはっきりと書かれていて、美しさという点では、コノハナノサクヤビメとは比較にならない存在といえる。つまり、コノハナノサクヤビメ（美の絶頂）とコノハナノチルヒメ（美の終焉）という対照的関係を、さらにきわだたせたのが、コノハナノサクヤビメ（美の象徴）とイワナガヒメ（醜の象徴）といえよう。

しかし、コノハナノサクヤビメだけを選ぶというニニギノミコトのとった態度が、その後のストーリー展開に大きなはずみをつけることになる。すなわち、父神である大山津見神がイワナガヒメを返されたことに対して大変、恥じて、

我が女二《ふ》たり並べて立奉《たてまつ》りし由は、石長比売を使はさば、天つ神の御子の命は、雪零《ふ》り風吹くとも、恒に石の如くに、常《とき》はに堅《かち》はに動かずまさむ。また木花の佐久夜毘売を使はさば、木の花の栄ゆるが如栄えまさむと誓ひて貢進りき。かくて石長比売を返さしめて、ひとり木花の佐久夜毘売を留めたまひき。故、天つ神の御子の御寿《みいのち》は、木の花のあまひのみまさむ。

という言葉をニニギノミコトのもとへ送ったというのである。ここではいうまでもなく、コノハナノサクヤビメとイワナガヒメは、対極的な位置にあるのではなく、コノハナノサクヤビメ（栄華）、イワナガヒメ（永遠の寿命）という、お互いに補いあって理想の姿をつくり出すという、いわば両者は不可分の関係になっている。

しかし、いずれにせよニニギノミコトのとった行動が天皇にも寿命が存在するということの説明となっている。

こうした『古事記』の所伝に対して、『日本書紀』の記述をみると、第九段の本文には、鹿葦津姫《かしつひめ》という女神が登場し、この神の別名が神吾田津姫《かむあたつひめ》とか木花之開耶姫《このはなのさくやびめ》という記されている。そして、ここにはイワナガヒメは登場していない。

また、八つある「一書」においても、第二の一書を除くと、『古事記』のようなストーリーはみられない。

したがって、量的には、けっして多いとはいえないのであるが、第二の一書をみると、『古事記』とは興味深い相違があることに気がつく。

問題の第二の一書の内容をみるならば、ニニギノミコトが大山祇《おおやまつみ》神の娘である神吾田鹿葦津姫と出会うところから始まる。そして、この女神の別名が「木花開耶姫」、すなわちコノハナノサクヤビメである。

ここでは、コノハナノサクヤビメがニニギノミコトに姉のイワナガヒメの存在を告げるのであるが、ニニギノミコトはコノハナノサクヤビメを妻にしたいと申し出る。すると、父である大山祇神にきいてほしいということであったので、あらためてニニギノミコトは父神に申し込むことになる。

これに対して、大山祇神はコノハナノサクヤビメとイワナガヒメとを共にたてまつるのであるが、ニニギノミコトは美しいコノハナノサクヤビメのみを迎え、醜いイワナガヒメを退けてしまう。そのことが、天皇家の子孫の寿命に限りあることの原因ということになるのであるが、第二の一書では、さらにそれに続けて、「此《これ》、世人《ひと》の短折《いのちもろ》き縁なりといふ」としている。つまり、人間の寿命についてものべているのである。

■寿命の対象の相違

みたように、コノハナノサクヤビメの物語は、寿命に関するものであるが、『古事記』の場合、その対象はあくまでも皇孫であった。『日本書紀』においても皇孫がメインの対象であることは変わりないが、それに付属させる形で、その他の人々の寿命についても限りがあることの由来をのべている。

なぜ、『日本書紀』にこうした皇孫以外の人々の寿命についてまで、記述があるかは謎であるが、ひとつの理由として、やはり、編纂者の意識の違いというか編纂方針の相違をあげることができよう。

つまり、『古事記』の場合、天皇家の歴史、およびその正統性をのべることが何よりも重要であると考えられる。したがって、叙述の主体はあくまでも天皇家ということになる。それに対して、『日本書紀』は国家の正統性、そして、それを支配する天皇家の正統性を主張しようという意図があるため、天皇を中心としながらも、その天皇が支配する民衆のことにまで叙述が及んでいると考えられるのである。

10　二人のハツクニシラス天皇

■神武天皇と崇神天皇の共通点

初代の天皇とされる神武《じんむ》は、現在、大方の見方では架空とされる天皇である。『日本書紀』の神武即位前紀条をみると、神武天皇の名は神日本磐余彦《かむやまといわれひこ》天皇であり、諱《いみな》は彦火火出見《ひこほほでみ》であると記されている。さらに、彦波瀲武鸕鷀草葺不合尊《ひこなぎさたけうがやふきあえずのみこと》の第四子で、母は玉依姫《たまよりびめ》であることも知られる。

『古事記』においても、神武天皇の名は伊波礼毘古《いわれびこ》命であるが、『古事記』にはこの名のほかに若御毛沼《わかみけぬ》命と豊御毛沼命という二つの別名が記されている。

神武天皇の出自に目をやるならは、父である葺不合尊は海神《わたつみ》の娘である豊玉姫《とよたまびめ》の子となっている。また、母の玉依姫はこれも豊玉姫の妹ということになっている。

つまり、神武天皇は「記・紀」において、いうまでもなく初代の天皇として位置づけられているが、神話的な要素もまた強いといえる。

神話的という面では、神武天皇の諱である彦火火出見という名称も興味深い。というのは、この彦火火出見は、神武天皇の祖父の名でもあるからである。神武天皇の祖父である彦火火出見尊は兄弟神である海幸・山幸の弟神（山幸）にあたり、『古事記』では火遠理命《ほおり》と記されている。

この神は兄神である海幸（火闌降命《ほのすそり》）から借りた釣鉤《つりばり》をなくしてしまい、それをさがすために海神の宮へ行ったことで知られる。そして、そこで海神の娘である豊玉姫と結ばれるのである。その結果、葺不合尊が誕生することになる。

このように、彦火火出見という名称には、神武天皇自身と祖父の存在とが重複している。そして、この重複は単に名称のみにとどまらない。そもそも、この両者を結びつけているのは葺不合尊であるが、この神は神武天皇と祖父との間にあって、両者を系図的に結びつける役割を果たしているにすぎない。つまり、それ自身としては存在感の弱い神なのである。

こうしたことを背景として、山幸と神武天皇とを同一とみなす説がみられる。これらのことからも神武天皇には神話的要素が強くみられ、実在の人物とはみなしがたいといえるのである。

もうひとつ、名称の重複としてみのがせないのは、「ハツクニシラススメラミコト」という名が初代の神武天皇と十代目の天皇とされる崇神《すじん》天皇の双方に共通してみられることである。

この名称に関してみると、神武天皇の場合は、『日本書紀』の神武天皇元年の条に、「始馭天下之天皇《はつくにしらすすめらみこと》」として記されている。これに対して、崇神天皇はというと、『日本書紀』の崇神天皇十二年の条に「御肇国天皇《はつくにしらすすめらみこと》」とあり、『古事記』にも「所知初国之御真木天皇《はつくにしらししみまきのすめらみこと》」と記されている。

これらにみられる「ハツクニシラススメラミコト」とは、最初に国土を統治した天皇という意味と考えられる。したがって、文字どおりの意味に受けとると、最初の統治者が神武天皇と崇神天皇の二人ということになり、これはおかしなことになる。

たしかに、神武と崇神の両天皇はその業績をみていくと、外見上はともに国土の最初の統治者としての要素をもっている。

しかし、質的には両者の業績にかなりの差異があるように思われる。したがって、単純に神武天皇も崇神天皇も共に国土の創設者であるから「ハツクニシラススメラミコト」という名をもっている、とすることにはためらいを感じないわけにはいかない。

■「最初の統治者」が遺した足跡

国家の創業者としての性格をもつ神武天皇と崇神天皇であるが、創業者が二人、すなわち「ハツクニシラススメラミコト」が二人いるということは、やはり不自然と思われる。こうしたおかしなことがどうしておきたのであろうか。まず、『日本書紀』によって神武・崇神の両天皇の足跡を追ってみることにする。

神武紀によると、神武天皇は四十五歳のとき東征の決意をし、太歳《たいさい》甲寅年の十月に日向《ひむか》を出発した。そして、速吸之門《はやすいのと》を通過したさいに珍彦《うずひこ》が帰順し水先案内となった。それから筑紫国《つくしのくに》の菟狭《うさ》に着き、菟狭津彦・菟狭津媛のもてなしをうける。十一月には筑紫国の岡水門《おかのみなと》につき、さらに進んで十二月に安芸《あき》国の埃宮《えのみや》に到着した。翌年三月に吉備《きび》国に移り、高島宮《たかしまのみや》をつくり、三年間とどまった。

その後、戊午年《つちのえうまのとし》の二月に高島宮を出発して難波碕《なにわのみさき》に着き、三月には川をさかのぼって河内《かわち》国の白肩之津《しらかたのつ》に到着した。四月に竜田《たつた》越えをおこなったが失敗、胆駒《いこま》越えに道をかえ、孔舎衛坂《くさのえさか》に防衛線をはっていた長髄彦《ながすねひこ》と戦い敗退した。このさい、神武天皇の兄の五瀬《いつせ》命が傷を負う。五月に山城水門《やまきのみなと》（雄水門《おのみなと》）に到着、熊野をめざすが、五瀬命が重体となり、紀国の竈山《かまやま》にいたったとき五瀬命が薨じた。六月には名草邑《なくさのむら》に着き、女賊の名草戸畔《なくさとべ》を誅殺した。それから狭野《さの》を経由して熊野《くまの》の神邑《みわのむら》にいたり、天磐盾《あまのいわたて》に登った。さらに進軍したが海上で暴風雨にあい、このとき神武天皇の兄の稲飯《いなひ》命が入水し、やはり兄の三毛入野《みけいりの》命も波の穂をふんで常《とこ》世郷《よのくに》へ去った。そこで神武天皇は皇子の手研耳《たぎしみみ》命と共に進軍し、熊野の荒坂津《あらさかつ》へ到着して丹敷戸畔《にしきとべ》を誅殺した。毒気を吐く神になやまされるが進軍を続け、頭八《や》咫《た》烏《がらす》の先導や大来目《おおくめ》をひきいた大伴氏の遠祖の日臣《ひのおみ》命の援軍によって菟田下県《うだのしもつこほり》に到着した。

八月に菟田県の首長の兄猾《えうかし》・弟猾《おとうかし》を平定し、さらに吉野を巡幸した。九月に高倉山に登って国見をした。そのころ国見丘で八十梟帥《やそたける》が戦闘準備していたので、丹生《にふ》の川上で天神地祇《あまつかみくにつかみ》を祭り平定の占術をおこなった。十月には八十梟帥を撃破し、道臣命《みちのおみのみこと》（日臣命）に命じて残党を誅伐させた。

十一月に兄磯城《えしき》・弟磯城《おとしき》を平定し、十二月に再び長髄彦と戦った。そして、饒速《にぎはや》日命《ひのみこと》が長髄彦を殺害して帰順してきたので、これを褒賞し恩寵を加えた。

翌年二月に土蜘蛛の新城戸畔《にいきとべ》・居勢祝《こせのはふり》・猪祝《いのはふり》、高尾張邑《たかおはりのむら》の土蜘蛛も誅す。そして、三月に畝傍山《うねびやま》東南の橿原《かしはら》に宮殿造営を開始した。さらに翌年八月に広く正妃を求め、九月に媛蹈鞴五十鈴媛《ひめたたらいすずひめ》を正妃と定めた。

翌辛酉《しんゆう》年の正月に橿原宮《かしはらのみや》に即位し、神武天皇元年とした。翌神武紀二年二月に論功行賞をおこない、神武紀四年二月に鳥見山《とみやま》において皇祖の天神を祭った。さらに、神武紀三十一年四月には国中を巡幸して回り、同四十二年の正月に皇子の神渟《かむぬ》名川耳《なかわみみ》尊を皇太子とした。そして、同七十六年三月に神武天皇は橿原宮で崩御《ほうぎょ》し、翌年九月に畝傍山東北陵に葬られた。

以上が神武紀のあらましである。みてわかるように、東征伝説がその大部分を占めている。もっとも、この東征伝説自体にしても、難波到着の以前と以後とでは内容的に大きな差異があることが指摘されているが、いまはそのことはさておいて、東征伝説としてひとまとめに扱っておくことにする。そして、この東征伝説と神武天皇が橿原宮に即位したあとの記事とを比べてみたい。

神武天皇が日向を出発して東征の途についたのは、紀元前六六七年（『古事記』では紀元前六七七年）のこととされる。また、神武天皇が橿原宮で即位したのは紀元前六六〇年とされている。この間、七年（『古事記』では十七年）が経過している。これに対して、神武天皇が崩御したのは紀元前五八五年で、畝傍山東北陵に葬られたのは翌年であるから紀元前五八四年のこととなっている。

神武天皇の在位は七十六年間とされるから、いうまでもなく、東征中の期間と比べると、はるかに長い。それにもかかわらず、神武紀をみると、東征に関する記述部分がほとんどであり、即位後の内容を明らかに圧倒している。このことは、普通に考えると奇妙な印象を受けざるを得ない。

これに対して、やはり『日本書紀』によって崇神《すじん》天皇の足跡を追ってみることにしよう。崇神天皇は十九歳で皇太子となり、父の開化《かいか》天皇が在位六十年で崩御したのをうけて即位した。崇神紀元年二月に御間城《みまき》姫を皇后とし、同三年九月に磯城瑞《しきのみず》籬宮《かきのみや》に遷都した。同五年に疫病が流行し、同六年に百姓の多くが流亡したので天神《あまつかみ》地祇《くにつかみ》を祭り、天照大御神《あまてらすおおみかみ》を倭の笠縫《かさぬい》村へ遷斎した。同七年には大物主神《おおものぬしのかみ》をはじめ八十万の神々を祭り、これによって疫病はようやく消滅した。

さらに同八年、大田田根子《おおたたねこ》に大物主神を祭らせた。同十年に四道《しどう》将軍を派遣し、同十一年に夷賊を平定した。同十二年には戸口《ここう》の調査を命じて、調役を賦課した。これによって、国家は豊かになり人々は満足し、天皇をほめたたえて御肇国天皇《はつくにしらすすめらみこと》といった。同十七年、諸国に船舶を造らせた。同四十八年四月に活目《いくめ》尊を皇太子とし、豊城《とよき》命をもって東国を治めさせた。同六十年七月に出雲大神の神宝を検校し、それに関連して出雲振根《ふるね》を誅殺した。

同六十二年七月、農業は国家の大きな基本であるとして、河内国の埴田《はにた》に池を掘ることを命じた。同年十月に依網《よさみ》池を造り、十一月には苅坂《かりさか》池・反折《さかおり》池を造った。同六十五年に任那《みまな》が朝貢してきた。そして、同六十八年十二月に崩御し、翌年八月に山辺道上陵《やまのへのみちのへのみささぎ》に葬られた。

これらが崇神紀のおおよその内容である。同じ「ハツクニシラススメラミコト」と称されていても、崇神天皇は神武天皇と比較すると統治者としてのイメージがより明確である。遷都の記事はもちろん、疫病の流行とそれを消滅させるための神々への祭祀は統治者としての天皇の国内政策と受けとることができよう。

また、戸口の調査や調役の賦課、海辺の民のための船舶造営、さらに晩年の池を掘るなどの勧農政策の推進には、有能で寛容な統治者としての崇神天皇の具体的な国内政策をうかがうことも可能である。

その一方では、四道将軍の派遣記事や豊城命の東国統治の記事もあり、これらには国土の統治権を確立しようとする強い意志をもった崇神天皇の軍事的な面をみることができる。出雲大神の神宝の検校にも崇神天皇の強い面があらわれているし、それは神宝の検校に積極的でなかった出雲振根をその後の出雲の内紛のさいに誅殺してしまうということでもいっそうあきらかである。

晩年の任那の朝貢は、国内の統治者としてのみならず、朝鮮半島にも威《い》をはる偉大な天皇としての崇神天皇像をイメージさせるのに難くない。

もちろん、こうした崇神紀の記事をすべてそのまま歴史的事実とすることはできない。しかし、偉大な国家の創始者の一代記という立場でみたとき、崇神紀はなるほどと納得させる要素をほぼ備えているといえよう。その点で、まさしく崇神天皇は「ハツクニシラススメラミコト」とよばれるのにふさわしい。

しかし、崇神天皇には「ハツクニシラススメラミコト」として欠けている要素もみられる。それは、初代天皇となったという所以《ゆえん》がまったく説明されていない点である。そしてこれは、「ハックニシラススメラミコト」としては重要な問題といえよう。

これに対して神武天皇は、統治者の具体像としては不鮮明なイメージしかえがくことができないが、東征して大和を平定して橿原宮で初代天皇となったということが「記・紀」の記述のなかにはっきりと記されている。この点では、「ハックニシラススメラミコト」は神武天皇ということになる。

このように「ハックニシラススメラミコト」の名称をめぐる神武天皇と崇神天皇の問題はなかなか難問のようにみえる。しかし、両天皇とも「ハックニシラススメラミコト」とよばれるのには足りない面がある、ということがこの難問の解決の糸口となるようにも思われる。つまり、神武天皇には初代天皇としての説明はあるが統治者としての具体的政策がほとんどといってよいほどみられなく、崇神天皇には統治者としての具体的政策についてはうかがうことができるが、肝心な十代目なのになぜ初代天皇というのかという説明がされていないということである。

このことは、結論的にいうと、両天皇を合わせれば、まさしく「ハックニシラススメラミコト」とよぶのにふさわしいパーフェクトな天皇像ができ上がるということをものがたっていると考えられる。いいかえるならば、もともとは一人の天皇記事であったものをのちに二人に分けたために、こうしたどちらにも足りない面がでてきてしまったと考えられるのである。

それでは、この両天皇がどこかで一人になる接点があるのかという問題がでてこよう。この点については、すでに水野祐博士が、神武紀・崇神紀の共に四年条にみられる詔《みことのり》をとりあげ興味深いことをのべておられる。以下、水野説をもとにしてそれぞれの詔をみてみることにする。

■二つの詔

神武紀四年は甲子《かっし》にあたっており、その点では革令《かくれい》の年ということになる。しかし、さきにみたように、神武紀四年条は鳥見山《とみやま》での皇祖の天神の祭祀が記されているだけで、とりたてて革令の年と関係するような事柄はおきていない。そこで、あらためて神武紀四年条にみられる詔に目をやると、詔して曰《のたまわ》く。我《わ》が皇祖《みおや》の霊《みたま》や天《あめ》より降鑒《こうかん》して、朕《わ》が躬《み》を光助したまえり。今、諸《しょ》虜《りょう》すでに平らぎて、海内事《あめのしたこと》なし。以って天神を郊祀《こうし》し用て大孝を申《の》べたまうべきなり。

と記されている。その内容はというと、「わが皇祖の霊は、天より降りまして、私の身をてらし助けたもうた。今、もろもろの賊どもを平らげ国内を平穏にすることができた。そこで天神を祭って大孝の志を告げ申しお礼をいたしたい」ということになろう。この詔からも、かくべつ甲子の年らしさはうかがわれない。

そこで崇神紀四年条に目をやると、十月条に詔がみられる。ちなみに、崇神紀四年は丁亥の年であり甲子にあたっていない。甲子の年をさがすならば、崇神紀四十一年がそれにあたる。

その詔のおおよその内容は、「そもそもわが皇祖皇宗が天子の位についてきたのは、けっして一身のためではなく、人民を治め天下を整えるためである。それゆえに世々、深い功業をあらわし、時に至徳を施してきたのである。今、私は天運をうけて人民をめぐみ養うこととなった。どのように皇祖の跡にしたがい、永く無窮の天津日継《あまつひつぎ》を保ったらよいのであろうか。それには、群卿百僚が忠貞をつくし、ともに天下を安んずるようにつとめることが大切である」ということになろう。

こうしてみると、この崇神紀四年の詔は、先の神武紀四年の詔とさほど問題なく接続することが可能である。というよりもむしろ、ひとつの詔と考えた方がより詔の意図をよく理解することができるように思われる。それは、天孫降臨から始まって皇室の連続性をのべ、ここで、それが絶えることのないよう官僚らは忠貞をつくし、さらに天下を安んじるためにつくせ、という内容の詔となる。そして崇神紀では、この四年以後、実際にさまざまな政策がみられる。この意味でも、この詔は、甲子《かっし》革令《かくれい》の年の詔としてふさわしいものと考えられる。

以上、水野祐博士の見解にそって神武・崇神両天皇の共に四年紀にみられる詔についてみてきた。水野博士は、こうした分析に基づいて本来の「ハツクニシラススメラミコト」は崇神天皇であり、神武天皇は後からつくられた架空の天皇であると結論づけられている。神武・崇神両天皇の四年紀の詔をもともとはひとつの詔であったとすることの是非については、なかなか容易には判断が下せない問題であると思われるがユニークな解釈であるといえよう。

こうしたことをふまえて、神武紀と崇神紀とをあらためて比較した場合、崇神紀の方がより実在感があることは、いなめない事実である。したがって、「ハツクニシラススメラミコト」としてふさわしいのは崇神天皇の方であり、神武天皇はやはり実在しない天皇と考えられる。

■「ハツクニシラス」に隠された論理

神武天皇は崇神紀の前半部分をとって、ボリュームをつけてつくり出された天皇と考えられる。ボリュームのつけ方についても、いままでさまざまな見解が出されている。神武天皇の大和統一伝説を、壬申《じんしん》の乱のさいの大海人皇子《おおあまのおうじ》の行動に重ねてとらえるのはその好例であろう。こうした種々の潤色や脚色によって神武天皇はしだいに核をもってくるようになり、初代の天皇としての位置を得るようになる。

それでは、なぜこのようにして神武天皇を生み出す必要があったのであろうか。第一に考えられるのは、皇室の起源を古くするためということがあげられよう。本来の「ハツクニシラススメラミコト」である崇神天皇の前に、神武天皇以下の九代の天皇を加えることによって、たしかに皇室の起源はさかのぼることになる。

しかし、神武天皇にはそれ以外にも役割があるように思われる。それはやはり、名称の重複という点がポイントになる。神武天皇には、まず彦火火出見という名があり、これは祖父の山幸の名でもあった。このことによって、神武天皇は初代の天皇とされながらも、なお神話的要素を保持しているといいえる。いいかえるならば、このことは神武天皇が神代と人代とのパイプ役となっているということである。

また一方では、神武天皇は「ハツクニシラススメラミコト」という名によって、十代目の天皇とされる崇神天皇と共通性をもっている。崇神天皇は「記・紀」の皇統譜では十代目の天皇とされているが、実際に存在した初代の天皇と考えられている。いわば実在的な初代の天皇ということができる。

したがって、「ハツクニシラススメラミコト」の名を共有することにより、神話的な初代の天皇である神武天皇と実在的な初代の天皇である崇神天皇との間がパイプでつながることになる。

つまり、神武天皇がもつ名の重複に注目すると、山幸―神武天皇―崇神天皇というラインができることになり、これは神代から人代へのうつりかわりをスムーズにするという効果をもっている。神武天皇は、初代の天皇とされているが、こうした点で、神話的な世界と人間的な歴史を結びつける中継点としての役割を担っているように思われる。

また、神武天皇が「ハツクニシラススメラミコト」という名をもっていることは、日本の神話や儀式のなかにしばしばみられるくり返しの論理というべきものが反映しているようにも思われる。たとえば、神話の一例をあげるならば、国譲りが完了したのちに天孫降臨がおこなわれるという展開がそれである。天孫が降臨してオオクニヌシに国譲りを迫れば一回で話がすむものを決してそうはしておらず、二回に分けているのである。

こうしたくり返しの論理ともいうべき構造を、神武天皇と崇神天皇とが共有している「ハツクニシラススメラミコト」によみとることもできるのではなかろうか。

11　四道将軍

■四道に派遣された将軍

四道将軍《しどう》とは、『古事記』や『日本書紀』に登場し、四道に派遣されたと伝えられる四将軍のことである。天皇の皇子もしくは孫といった高い出自をもち、それぞれ北陸・東海・西道・丹波へと派遣されたことになっている。

まず、『日本書紀』をみると、崇神《すじん》天皇の十年九月九日条に大彦命《おおひこ》を北陸に派遣し、武渟川別《たけぬなかわわけ》を東海に、吉備津彦《きびつひこ》を西道に、丹波道主命《たにわのちぬし》を丹波にそれぞれ遣わしたと記されている。

さらにこれらの将軍たちに、「若し教《のり》を受けざる者あらば、及《すなわ》ち兵を挙げて伐て」という強い口調の詔《みことのり》と共に、将軍としてのしるしである印綬《いんじゅ》をさずけている。

一方、四道将軍の派遣記事は、『古事記』にもみることができる。しかしながら、『古事記』にみられる派遣記事は、『日本書紀』のそれと比較すると微妙に相違がみられて興味深い。

何はともあれ、『古事記』の崇神天皇の段から具体的に派遣記事の内容をうかがってみるならば、大毘古命を高志道《こしのみち》に遣《つか》わし、その子供である建沼河別命を東の方の十二道に派遣して、まつろわぬ人々を征服させたとあり、また、日子坐王《ひこいますのみこ》を旦波国《たにわ》に遣わして玖賀耳之御笠《くがみみのみかさ》を殺害させたと記されている。

このように、『古事記』と『日本書紀』とでは、四道将軍の派遣について異なりがみられるわけであるが、そのなかでも特に興味深いのは、吉備津彦の存在である。『日本書紀』では、四道将軍の一翼をになって、西道すなわち後の山陽道にあたる地域に遣わされているのであるが、『古事記』では四道将軍としての吉備津彦は姿をあらわしていない。それでは、『古事記』には、吉備津彦のことがみられないのかというとそうではない。崇神天皇の三代前の孝霊《こうれい》天皇の段には、大吉備津日子命と若建吉備津日子命とによる吉備国平定の伝承が載せられている。

大吉備津日子命と若建吉備津日子命の二人は、共に父を孝霊天皇とする兄弟で、母親どうしも姉妹という間柄になっている。こうした関係にある大吉備津日子命と若建吉備津日子命の二人があい連れ立って、「針間」、すなわち播磨の氷河《ひかわ》の前で忌瓮《いわいべ》をすえ、播磨を吉備国へ入る道の入口として、ついに吉備国を平定したとされる。

ここにみられる「忌瓮をすえ」るとは、祭祀に使用する清浄な甕を地面を掘ってすえるということであり、忌瓮には「斎戸」などの字があてられたりもする。その意味については、神聖なる神座をあらわしているともいわれるが、いずれにしても呪的な性格が強いことは明らかである。

そして、このようにして吉備国を平定した大吉備津日子命は吉備上道《かみつみち》臣の祖であり、若建吉備津日子命は吉備下道《しもつみち》臣と笠臣の祖であるとされる。

さきにみたように、崇神天皇の時代と伝えられる四道将軍の派遣記事は、「記・紀」が共に記載しているが、伝承的に相違がみられ、なかでも『古事記』には吉備津彦の西道への派遣記事が記述されていないという興味深い特徴がみられる。

さて、四道に派遣された将軍たちであるが、その活躍ぶりはというと、残念ながら詳細を知ることができない。

『日本書紀』は、崇神天皇の十一年四月二十八日条に「四道将軍、戎夷《ひな》を平《む》けたる状《かたち》を以《も》て奏《まう》す」と記すのみである。実にあっさりとしたものであり、『日本書紀』をみる限り、四道に将軍を派遣したところ一年もたたないうちに平定が終わったということになっている。しかも、平定の過程についてはまったく伝承がみられない。

その点、『古事記』では、もう少し内容が豊富である。すなわち、高志国へ派遣された大毘古命と東の方へ遣わされた建沼河別命とが陸奥国の会津で出会ったことが記述されており、これに続けて、「是を以ちて各遣わさえし国の政《まつりごと》を和平《やわ》して覆奏しき」とあって、四道将軍の平定が完了したことが記されている。

さらに、このことによって天下が太平となり、人民は富み栄えるようになって、初めて「男の弓端《ゆはず》の調、女の手末《たなすえ》の調」をたてまつり、その御世をたたえて、「初国《はつくに》知らしし御真木天皇《みまきのすめらみこと》」といったとのべられている。

しかし、この『古事記』の内容からも、四道将軍の具体的な活躍ぶりはうかがうことができない。こうしたなかで、大彦命だけについては、その行動を少しばかり追うことが可能である。

■大彦命の足どりの謎

『日本書紀』によると、大彦命は、北陸へ派遣されたわけであるが、和珥坂《わにさか》にいたったときに一人の少女に出会う。この出会った場所については、一説には山背《やましろ》の平坂ともいわれている。

場所についてはともかくとして、そこで少女が歌をよむ。大彦命はあやしげに思い、その歌の意味を問うのであるが、少女は、「ものも言わず。唯、歌いつらくのみ」といって姿を消してしまう。

そこで、大彦命は天皇のもとにひき返して、見聞したところをつぶさに奏上したところ、倭迹迹日百襲姫命《やまとととひももそひめ》が不吉な前兆として武埴安彦《たけはにやすびこ》の謀反を予言する。そして、このあと、武埴安彦の謀反が実際に明らかとなる。

武埴安彦は山背から、その妻の吾田媛《あた》は大坂から都を襲う様子をみせたので、天皇はまず吉備津彦を大坂へ遣わして吾田媛を殺させ、さらに、大彦命と和珥臣《わにのおみ》の遠祖である彦国葺《ひこくにぶく》とを山背に派遣して武埴安彦を討たせた。

これらの伝承は、いずれも崇神紀十年九月九日条にみえるものであり、四道将軍の一人である吉備津彦の姿もみられるが、やはり大彦命の存在が何といっても大きいといえよう。

この崇神紀十年九月九日条には、このあと、倭迹迹日百襲姫命が大物主神《おおものぬしのかみ》の妻となる伝承、いわゆる三輪山《みわやま》伝承が記されている。ついで十月条に四道将軍に対する出発命令が下されており、これに従って二十二日条に実際に将軍たちが出発したことが記されている。そして、すでにのべたように、翌十一年四月二十八日に四道将軍が平定の完了を復奏したことになっている。

こうした『日本書紀』の記事に対して、『古事記』の記載を比較させてみると、大筋としては同じ内容といえるが、相違する点もいくつかみられる。

まず、大毘古命が高志国へおもむく途中、少女に出会うことになるのであるが、その場所はというと山代の幣羅坂《へらさか》となっている。また、少女の服装は腰裳を着用していたと記されている。少女が歌をのこして忽然として姿を消してしまうのは『日本書紀』と同じであるが、これを怪しんだ大毘古命が天皇のもとにひき返して事情を申しあげたところ天皇が建波邇安王《たけはにやす》の謀反をいいあてる。

ここでは、倭迹迹日百襲姫命は一切、姿をみせておらず、この点は、『日本書紀』と異なりをみせている。そして、天皇は、大毘古命に丸邇《わに》臣の祖である日子国夫玖《ひこくにぶく》命をそえて派遣して、この謀反を平定したとある。『古事記』には、吉備津彦も登場してこない。

このように、北陸（高志国）へ遣わされたことになっている大彦命については、出発前にすでにひと働きしていることが記されている。「記・紀」における大彦命の扱いには、四道将軍の他のメンバーとは明らかに相違がみられ興味深いのであるが、この他にも大彦命に関しては注目すべきことがいわれている。それは稲荷山古墳から出土した鉄剣銘との関係である。

稲荷山古墳は埼玉県行田市にある前方後円墳であり、そこから出土した鉄剣に金象嵌された銘文が百十五文字みつかり話題をよんだ。

そこには、四四三年とも五〇三年ともいわれる「辛亥《しんがい》年」の干支や、雄略《ゆうりやく》天皇とされる「獲加多支鹵《わかたける》大王」という文字が刻み込まれていて注目されるのであるが、その雄略天皇の時代に生存していたと考えられる「乎獲居臣《おわけのおみ》」とその系譜が記されていることも重要である。

そこにみられる系譜をたどるならば、意富比垝《おおびこ》→多加利足尼《たかりすくね》→弖已加利獲居《てよかりわけ》→多《た》加披次獲居《かひしわけ》→多沙鬼獲居《たさきわけ》→半弖比《はてひ》→加差披余《かさひよ》→乎獲居臣《おわけのおみ》となる。

この系譜のなかで上祖として記されているのが意富比垝という人物である。そして、この人物と大彦命とが同一人物であるとする見解が出されている。なるほど人物名の音が共通しており、魅力的な解釈であるが、意富比垝がすなわち大彦命であるとするにはさらに検討の余地があるであろう。

また、現在、秋田県をはじめとして山形・岩手・福島・新潟などの各県に分布がみられる古四王《こしおう》神社と大彦命との関係もしばしばいわれるところである。たとえば、秋田市寺内にある古四王神社の社伝をみてみよう。

これによると、崇神天皇の御世に大彦命が北陸に遠征し、この地に武甕槌《たけみかづち》命を祀って齶田浦神《あぎたうらのかみ》と称した。そののち、阿倍比羅夫《あべのひらふ》が蝦夷を伐ったさい、大彦命を合祀して古四王神とした、というのである。大彦命が合祀されて古四王神となったという背景には、大彦命が高志（越）へ派遣されたことから越王《こしおう》であり、それが音の共通性から、すなわち古四王であるとする考えがある。

こうしたとらえ方は、現在でも基本的には継承されているように思われる。しかしながら、これらの古四王神社には不明瞭な点が多く、再検討してみると、越王との関係でとらえるよりも、むしろ、四天王信仰との関係で理解する方がより妥当と考えられる点も多くみられる。

大彦命に関しては、このように興味深い説がみられるが、それらの是非については、にわかに結論を出すことは困難である。したがって、四道将軍としての大彦命の存在についても、やはり謎のままといわざるを得ないであろう。

■四道将軍と出雲を結ぶ線

四道将軍のうち、吉備津彦と武渟河別とについては、出雲との関係がみられる。それは崇神紀六十年七月十四日条にみられる出雲の神宝献上をめぐる伝承で、このなかに両者が登場している。

この伝承の内容をみるならば、崇神天皇が群臣に、武日照命《たけひなてる》が天上からもちきたりて出雲大神の宮に納められているという神宝をみたい、と詔したことが発端となっている。そこで、矢田部造《やたべのみやつこ》の遠祖である武諸隅《たけもろすみ》を出雲へ遣わすことになる。

当時、出雲では出雲臣の遠祖の出雲振根《ふるね》が神宝をつかさどっていたが、ちょうど筑紫国へ行っていて留守であった。そのため、振根の弟の飯入根《いいいりね》が皇命をうけたまわって、弟の甘美韓日狭《うましからひさ》と子の鸕濡渟《うがずくぬ》とに神宝を持たせて貢上させたが、帰ってきた振根は弟がたやすく神宝献上に応じたことを責め、恨みを持つことになる。そして、数年ののち、振根は飯入根を誅殺してしまう。

甘美韓日狭と鸕濡渟とが朝廷に参向してこのことをつぶさに報告した結果、吉備津彦と武渟河別とが出雲へ派遣されることになる。そして、この両者によって出雲振根は誅殺されてしまう。出雲臣らはこのことを恐れて出雲大神の祭祀を停止したが、のちに天皇が勅して祭祀を復活させたとある。

崇神紀六十年七月十四日条にみられる伝承のおおよそについてみてみた。出雲大神の神宝献上をめぐる興味深い伝承であるが、四道将軍との関係でとらえるならば、弟の神宝献上を責めて謀殺した出雲振根を四道将軍の吉備津彦と武渟河別とが誅殺するという点をどのように考えるかがポイントである。そのなかでもとくに、吉備津彦が姿をみせていることはみのがせない。なぜなら、吉備津彦は吉備国を平定した将軍であり、いうまでもなく吉備との関係が強くみられるからである。

また、出雲振根は、『出雲国風土記』の出雲郡健部郷の条に神門臣古禰《かんどのおみふるね》とあるのと同名とされている。健部郷の条は、景行《けいこう》天皇が健部を設定し神門臣古禰を健部としたというものである。この『出雲国風土記』の伝承をふまえるならば、神門臣古禰は出雲の西部にあたる出雲郡の健部郷のあたりを拠点として勢力をはっていたと思われる。とするならば、さきの、崇神紀六十年条の伝承は、大和を背景とした吉備と出雲、とくに西部地域との抗争を反映していると読むこともできよう。

しかし、こうした吉備と出雲西部との対立というとらえ方は、あくまでも崇神紀六十年条にみえる出雲振根と『出雲国風土記』に登場する神門臣古禰とを同名とするという大前提の上に展開され得るものである。

それでは、この両者を同名とする絶対証拠があるのかというと、それはないわけであり、両者の関係を否定して各々、別のものとして把握してもいっこうにさしさわりがない。こうした点から、出雲振根と神門臣古禰との関係についてはさらに検討の余地がのこされているといえるが、いずれにしても崇神紀六十年条に四道将軍のうちの二将軍が姿をみせているのは明白であり、とりわけこのなかの吉備津彦の存在は軽視できないものがあるといえよう。

■派遣記事の意図はどこにあるか

四道将軍の伝承は、三世紀ないし四世紀の段階において、ヤマト政権が武力によって日本を統一していった過程を説話化したものであるともいわれている。しかしながら、はたしてこの伝承がそうした時代の歴史事実をもとにしているのかどうかについては疑わしい。

『日本書紀』に記されているように、四道将軍の派遣が決定されたのが、崇神天皇十年九月九日のことであり、武埴安彦の謀反を間にはさんで、同年の十月二十二日に四道将軍がそれぞれ任地に出発したことになっている。そして、崇神天皇十一年四月二十八日に、四道将軍による平定完了の旨が上奏されている。

こうした経過をみるとあまりにも机上の創作といった感じであり、とうてい事実そのままの記述とは考えられない。また、年月日のことはさておいても、各々の四道将軍の平定過程の描写がまったく記されておらず、この点からも伝承にリアリティーが感じられない。

こうした点を考慮するならば、『日本書紀』の四道将軍の伝承は、歴史事実の反映というよりも、むしろ机の上の仕事によるものと考えた方がよいように思われる。また、『古事記』にみられる伝承との相違も軽視することができない。

すでにみたように、『古事記』の伝承には、三道の将軍しか登場せず、西道に遣わされた吉備津彦が欠けている。そして、この吉備津彦については、崇神天皇の三代前にあたる孝霊天皇の段に記載がみられ、大吉備津日子命として登場し、若建吉備津日子命と共に吉備国を平定したことになっている。

こうしたことは、ますます崇神紀十年条にみられる四道将軍の派遣が歴史事実ではないことをうかがわせる。

さらに、地方への派遣記事という点に留意するならば、時代はずっと新しくなるが、崇峻《すしゅん》天皇のときにも興味をひかれる類似した伝承がみられる。具体的にいうとそれは、崇峻紀二年七月条に記されているもので、その内容はというと、近江臣満《みつ》を東山道使《やまのみちのつかい》として遣わして蝦夷国の境をみさせ、宍人臣鴈《ししとのおみかり》を東海道使《うみつみちのつかい》として遣わして東方の海浜の諸国の境をみさせ、阿倍臣を北陸道使《くるがのみちのつかい》として遣わし越らの諸国の境をみさせたということが記されている。

崇峻天皇は蘇我馬子《そがのうまこ》の命をうけた東漢直駒《やまとのあやのあたいこま》によって暗殺された天皇であり、その治世は六世紀後半とされている。この天皇のあとをうけて即位したのが初の女帝である推古天皇というものである。

それはさておき、崇峻紀二年七月条をよくみると、「東山道」「東海道」「北陸道」

の三道への派遣記事がみられるが、これらの三道の呼称はいずれも律令制用語であるから、崇峻天皇の時代にはおそらくなかったと考えられる。しかし、これらの三道の読みである「やまのみち」「うみつみち」「くるがのみち」といった言葉それ自体については古くからあったとされる。したがって、東山道、東海道、北陸道という用語は、のちの律令制下での行政用語ではあるが、このことは三道の否定には必ずしもつながらないであろう。

また、この崇峻紀の記載は平定伝承ではなく、この点で崇神紀の四道将軍の伝承とは性格的に相違がみられるといわれるかもしれない。しかし、中央から三道ないし四道へ天皇の命をうけて派遣されるという基本的な点で共通性をもつことはみのがせないであろう。

つまり、崇神紀にみられる四道将軍の伝承に歴史事実としてのリアリティーが弱く、さらに崇峻紀にみられる三道への派遣記事のように、後の時代にも四道将軍の伝承と類似のものがみられるということは、裏をかえせば後のこうした出来事を集約して四道将軍の伝承が形成され、それがハツクニシラススメラミコトである崇神天皇の時代にはめ込まれたと考えることもできるであろう。

12 ヤマト政権の出雲平定

■謎のヴェールに包まれた出雲

出雲はよく「神話の国」とか「神々の国」といわれる。

これは多分に、小泉八雲ことラフカディオ・ハーンの影響が強いように思われるが、その由来は、『古事記』や『日本書紀』のなかにふんだんにちりばめられている出雲に関する神話の多さによる。実際、「記・紀」神話のなかに占める出雲系神話の量は多く、それは全体の三分の一にも及んでいる。

こうしたことから、統一者である大和の政権に対して、かつて出雲にも強大な〝王国〟があって、それが大和によって征服されたのである、ということがしばしばいわれる。「記・紀」神話に見られる国譲り神話は、その象徴とされる神話である。

しかし、それでは出雲にあったといわれる〝王国〟とはどのようなものであるのか、どこにだれがつくったのかというと、とたんに謎のベールに包まれてしまう。また、大和が出雲を平定したというが、それはいつ、どのような経過でなされたのかというと、これも明確にはいえないようである。

■「記・紀」に記された出雲平定

まず、「記・紀」の伝承から大和の出雲征服についてみてみよう。

その典型的なものはオオクニヌシによる国譲り神話であることはいうまでもない。

しかし、その他にも面白い伝承がみられる。

『古事記』の景行《けいこう》天皇の段をみると、倭建命《やまとたける》の出雲平定の伝承が記されている。

倭建命が出雲建と肥河《ひ》（斐伊川）で水浴をしたという。その際、倭建命は自ら赤檮《いちい》（櫟）の太刀、つまり木刀を身につけ、それを出雲建と交換する。出雲建は倭建命の木刀を身につけ、倭建命は出雲建の真刀を手にするわけである。そして、そのあと二人は闘い、倭建命が出雲建を殺してしまうのである。これも、大和の出雲征服を象徴している伝承といえる。

これと類似した伝承が、『日本書紀』の崇神《すじん》天皇の六十年七月の条にもみえる。これは、先にも触れた出雲の神宝の大和への献上をめぐる出雲振根《ふるね》と出雲飯入根《いいいりね》の争いである。

兄である振根が筑紫へ出かけて留守の間に弟の飯入根が出雲の神宝を大和へ献上してしまう。これは、出雲の大和への服属を意味している。筑紫より帰った振根は、なぜ自分がもどるまで待たなかったのか、と飯入根を責める。そして、このことを恨みとしてもち続けた振根が、斐伊川の下流である止屋《やむや》の淵で飯入根と水浴して飯入根を殺してしまうのである。

そのおりの殺し方はというと、振根が自分の木刀を弟の真刀と交換して、そして闘って弟を殺すのである。そのあと、出雲振根は、大和の命を受けた吉備津彦《きびつひこ》と武渟河別《たけぬなかわわけ》とによって誅伐される。

この出雲の神宝については、『日本書紀』の垂仁《すいにん》天皇二十六年八月の条にも記されており、これらは、いずれも大和による出雲平定を象徴した伝承と受けとることができる。

とくに、崇神紀六十年七月条は、出雲の大和への屈服、そして、出雲内部での対立が物語られていて注意をひく。また、出雲振根を誅伐する一人が吉備津彦であることもみのがせない。なぜならば、吉備津彦は、『日本書紀』の崇神天皇の十年九月条にみえる四道将軍の一人であり、この点は武渟河別も同じであるが、注目したいのは、吉備を平定して吉備臣の祖となったということである。ここから、吉備による出雲への介入をうかがうことが可能である。

■出雲・大和・吉備の対立の構図

これらの神話や伝承はどの程度、歴史的事実を反映しているのであろうか。これは、難しい問題である。

崇神紀六十年の伝承にしても、これをもって出雲の現地での首長たちの抗争をストレートに反映しているとはいえないであろう。しかし、この伝承において、その年代や、登場人物の実在性などをぬいた部分、つまり、出雲内部での何らかの対立、それに関わる形での吉備の介入、その背後にひかえる大和の存在、といった点には何らかの歴史的事実が含まれていると考えてよいであろう。

いままで出雲には、古墳の規模や出土した遺物の面から神話で語られているほどの勢力はなかったということがしばしばいわれてきた。しかし、弥生時代の荒神谷遺跡からでてきた三五八本の銅剣はこうした考えを見事に打ちくだいた。また、岡田山一号墳出土の鉄刀から銘文が発見されたことも、いままでの出雲の古代史のイメージに修正を迫ることになった。

■大和の侵攻と出雲の動き

大和の出雲平定の前提として、征服される出雲の側の状況が重要である。古代の出雲においては、東部と西部が二大重要地域である。東部が意宇《おう》の勢力であり、西部が杵築《きづき》の勢力である。この二つの勢力と大和政権との関係がとりもなおさず、大和の出雲平定に大きな影響を及ぼすということになる。

大和の出雲平定については、かつて井上光貞氏によって、大和が西部の杵築の勢力を滅ぼした東部の意宇を拠点とする出雲氏を国造としたことが大和の出雲征服であると説かれて以来、この説が有力視されている。

しかし、それに対して、出雲国造家はもともとひとつであり、ただその拠点が杵築から意宇へと移されただけであるとする説、征服のされ方において、大和の政権に支持された神門氏の西部地域支配の成功、それに、敵対する東部の出雲氏の大和への屈伏という過程を考える説などのようにさまざまな説が入り乱れている。

そもそも、出雲国造の祖先である出雲氏は、どこに拠点をもっていたのであろうか。倭建命の伝承にしても、崇神紀六十年七月条の伝承にしても、舞台は出雲の西部である。これらのことを考え合わせると、出雲氏の拠点は西部とする方がふさわしいかもしれない。

しかし、注目したいのは、西部は地理的に湿地帯であり、六世紀になって前方後円墳が急に分布しはじめるということである。このことは、六世紀頃になって西部が開拓されはじめたことを物語っている。これに対して、東部は意宇平野がひらけており、さらに東方には安来平野がひかえている。これらの状況をふまえると、原出雲氏の本拠地としては、出雲の東部を考える方がよいのではなかろうか。

『出雲国風土記』のなかの著名な国引き神話に、出雲国の地名にまじって、火神岳《ひのかみだけ》とか夜見島《よみのしま》（夜見ケ浜）といった伯耆《ほうき》国の地名がみられることも、これらの地域がかつてはひとつの共同体であったことを示唆している。そして、これらの地域を支配していたのがとりもなおさず出雲氏ということになる。

出雲氏は意宇平野を中心に出雲の東部から、それに隣接する伯耆の西部にかけて勢力を誇っていたと考えられる。『出雲国風土記』に特殊な扱いを受けている四大神のうち、熊野《くまの》大神こそが出雲氏の奉斎神であり、この神と野城《のぎ》大神・佐太《さだ》大神、そして入海（宍道湖）によって囲まれるエリアこそが、出雲氏の勢力範囲と想定することができる。四大神のうちの「天の下造らし大神」、すなわち大穴持命は、この神だけが出雲西部の杵築の神であることを考えると、四大神のなかでも別のものとしてとらえる必要がある。大穴持命は出雲氏が東部地域の政権を脱却して、出雲全域の支配者となったとき、出雲全土の神として、新たにとりこんだ神と考えられる。つまり、出雲国内においては、東部の支配者であった出雲氏が西部へ勢力を拡大して出雲全域を支配していくという、東から西への動きを想定することができるのである。

■銘文に刻まれた「額田部臣」の存在

出雲に対する大和の進出の様子は、東部にも西部にもみられる。この点から考えて、大和は出雲に対して、出雲全土を視野にいれたゆさぶりをかけていたであろうことが想像できる。

まず、東部のくさびとしては岡田山一号墳から出た銘文鉄刀がそれを物語っている。意宇平野の西方丘陵にあり、全長二七メートルの前方後方墳である岡田山一号墳からは、副葬品として、径一〇・五センチの小形ながら後漢時代の舶載鏡で「長宜子孫」の銘をもつ内行花文鏡・玉類・馬具・金環・須恵器・大刀類が出土した。そのうちの「圭頭大刀」から銘分が検出された。X線写真から判明した文字は、

1	各	（額）
2	田	
3	卩	（部）
4	臣	
5	□	
6	□	
7	□	
8	□	（素）カ
9	□	
10	大	
11	利	
12	□	

の十二文字である。

この銘文が大きな存在価値をもっているのは、十二文字の中に「額田部臣」という四文字を含んでいるからである。

この銘文鉄刀の出現によって、岡田山一号墳の被葬者は、額田部氏、もしくはそ

れに深い関係をもつ者ということができる。ところが、岡田山一号墳を額田部氏の古墳とする考えには否定的意見が圧倒的に多い。それは、岡田山一号墳の周辺、すなわち、意宇平野一帯は、国造である出雲氏の勢力基盤である、という認識が定説化しており、したがって、岡田山一号墳も出雲氏のものとみるのが穏当な理解とされているからである。しかし、岡田山一号墳が築造されたとされる六世紀後半の段階に、額田部氏がいたことはまぎれもない事実であり、鉄刀に名をのこしていることも否定できない事実である。

それでは、そもそも額田部氏とはいかなる存在なのであろうか。一般には、額田部を支配していたのが額田臣と考えることができる。額田部は、子代・名代のひとつであり、応神《おうじん》天皇の皇子である額田大中彦にちなむ部《べ》であるといわれている。こうした皇室の部の管掌者が額田部臣ということになる。額田部氏の存在は、六世紀の後半において出雲に部があったことを明らかに物語っており、この段階には、出雲に大和の支配が及んでいるといわざるを得ない。

また、出雲の西部にあたる出雲郡には、建部郷の存在が、『出雲国風土記』によって知れる。『出雲国風土記』によると、景行天皇が、倭建命の名を忘れないために建部を設置したのが郷名の由来であると記されている。建部も一般的には、名代部と考えられている。建部については、単なる名代ではなく、ヤマト政権の軍事集団である、とする説もみられるが、いずれにしても、出雲に大和の支配力が及んでいることは明らかである。

■いつ出雲は大和に屈したか

出雲が大和に屈したのは、いつのことであったかということは大きな問題であり、にわかに断定することはできないが、岡田山一号墳の銘文が、やはり、ひとつのメルクマールを与えている、といえよう。岡田山一号墳の被葬者を定説に従えば、額田部氏と結びつけることはできないが、それならば、この銘文をどう理解したらよいのであろうか。やはり素直にとれば、岡田山一号墳の被葬者を額田部氏と考えるのが自然であろう。そうすると出雲氏との関係が問題になるわけであるが、この時期に、出雲が大和の支配下にすでに組みこまれていたと考えるならば謎は解けるであろう。

意宇平野は出雲氏の勢力基盤であるが、大和側によって出雲に置かれた部である額田部の管掌者である額田部氏は、いわば特別な存在であり、そのために意宇平野に一族の古墳を造り得たのである。

このようにとらえると、出雲が大和に服属したのは、六世紀後半以前ということになる。それでは、その上限が問題となるが、この点については、六世紀中に、西部の杵築に出雲系の方墳とは異なった前方後円墳が増加することを考えるならば、やはり六世紀という年代を考えるのが穏当ではなかろうか。

13　ヤマトタケルと白鳥伝承

■ヤマトタケル像の不思議な相違

日本神話の中において、ヤマトタケルは代表的な英雄として位置づけられている。しかし、『古事記』と『日本書紀』とを読みくらべてみると、両書にみられるヤマトタケル像には大きな相違がみられる。そもそも、表記の面から違っている。ふつうヤマトタケルノミコトの表記として用いる日本武尊は『日本書紀』においてみられるもので、『古事記』では倭建命という表記が使われている。

こうした表記の面だけをみても、『日本書紀』の方があきらかに日本という国家意識が前面におし出されていることがうかがわれる。それに対して『古事記』の伝承の方が『日本書紀』のものより素朴な内容をとどめているということができよう。

ヤマトタケルをとりまく系譜も『古事記』と『日本書紀』とでは相違がみられる。『日本書紀』をみると、ヤマトタケルの正式な名は、小碓尊であり、大碓皇子と双子の兄弟ということになっている。また、一書の伝えるところによれば、もう一人、稚倭根子皇子が同母の兄弟としていたことになっている。これに対して、『古事記』では、櫛角別王《くしつぬわけ》と神櫛王《かみくし》も同母の兄弟となっていて、系譜の異同がみられる。

さらに、『古事記』と『日本書紀』とでは、ヤマトタケルのイメージ自体に大きな差異がみられる。まず、『古事記』にみられるヤマトタケル像はというと、父である景行天皇の命を受けて、西の熊襲《くまそ》、出雲建《いずもたける》、そして東方十二道のまつろわぬ者や荒ぶる神を平定する英雄である。また、ヤマトタケルが窮地におちいったとき、これを助けるのは呪的な霊力をもった倭姫命《やまとひめのみこと》である。そして、ヤマトタケルの死は霊力をもった剣を身辺からはなし、伊吹《いぶき》の山神を言《こと》あげしたためであり、不慮の死をとげるヤマトタケルは悲劇の英雄として描かれている。

これに対して、『日本書紀』にみえる伝承は、景行による遠征がおこなわれたあとにヤマトタケルが西征をおこなったことになっている。東国遠征についてはヤマトタケルが主体であるが、これも景行の巡幸説話が記されていて、ヤマトタケルと景行が重複して姿をみせている。つまり、ヤマトタケルは純然たる英雄というのではなく、つねに大王《おおきみ》がその背後にみえかくれする。また、倭姫命の呪的な加護という要素にかわって伊勢神宮の神剣の要素が強調されており、国家的視点に立った伝承という印象が強い。そして、ヤマトタケルの死についても、『古事記』にみられるような悲劇の英雄といった感じはなく、大王のために忠誠をつくすといった姿が強調されている。

このように、ヤマトタケル伝承といっても、『古事記』と『日本書紀』とでは大きな差がみられることに注意しなければならない。こうした相違は、各々の伝承の

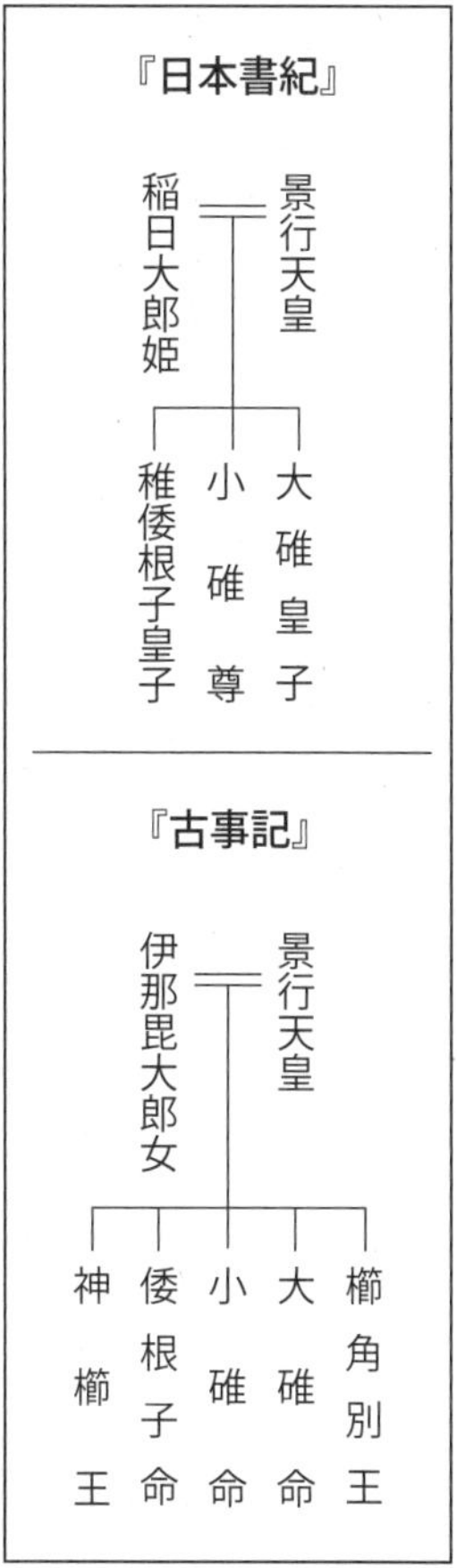

ヤマトタケルの系譜

成立年代の違いによるものと考えられる。一般的には、『古事記』の伝承の方が『日本書紀』のものより古い時代の成立とされているが、単に伝承の成立年代の新旧をうんぬんするのみではなく、両書にみられるヤマトタケルが果たしている役割の差についても考える必要があろう。

景行天皇二十七年十月十三日条をみるとヤマトタケルに命じて熊襲《くまそ》をうたせたことが記されている。時にヤマトタケルは十六歳とある。十二月には熊襲国に到着している。熊襲には魁帥《たける》という強者がいて、その名を取石鹿文《とろしかや》もしくは川上梟帥《かわかみのたける》といった。そこで、ヤマトタケルはこの川上梟帥を倒すのに一計を案じる。『日本書紀』によって具体的に内容をみてみると、まず、日本武尊が女装して川上梟帥の酒宴に近づいたことが記されている。そして、酔った川上梟帥の胸を剣で刺すのであるが、刺された川上梟帥が日本武尊という名を奉ったことになっている。そして、熊襲を平定し、帰途、吉備《きび》と難波《なには》で「悪《あら》ぶる神」を殺して大和にもどり、熊襲平定を奏上している。

このように、『日本書紀』では、熊襲を平定したあと、ヤマトタケルは瀬戸内海ルートで大和へもどっているが、『古事記』をみると、このあと出雲へむかい、出雲建を倒す伝承を載せている。

■東征の経緯と死をめぐる伝承

熊襲平定をなしとげたあと、ヤマトタケルは今度は蝦夷《えみし》を征するために東へ向かうことになる。時に景行天皇四十年十月のことである。ヤマトタケルは途中、伊勢神宮に立ち寄り、倭姫命から草薙剣《くさなぎのつるぎ》を授けられる。駿河にいたり、ここで賊にあざむかれあやうく焼き殺されそうになるが、からくも逃れ、逆に賊どもを焼き滅ぼしてしまう。その場所が焼津《やいづ》であるという。

ついで、相模《さがみ》に進みそこから上総《かずさ》へ渡ろうとしたが、途中で暴風がおこって船が進まなくなってしまう。そのときヤマトタケルに従っていた弟橘媛《おとたちばなひめ》が自ら入水して暴風を静めることになる。ここが馳水《はしりみず》である。ようやく上総に上陸したヤマトタケルは陸奥《むつ》へと軍をすすめ、さらに海路を使い蝦夷の支配地域にまで到達した。蝦夷の賊首の島津神・国津神らは竹水門《たかのみなと》で防戦しようとしたが、勝てないとさとって降服した。

蝦夷平定を終えたヤマトタケルは日高見国よりもどり、常陸《ひたち》を経て甲斐《かい》にいたり酒折宮《さかおりのみや》に宿泊した。そして、武蔵《むさし》・上野《こうずけ》をめぐり碓日坂《うすいさか》に出て、信濃《しなの》へ進んだ。ここで、ヤマトタケルは山の神の化身である白鹿を殺し道に迷うことになるが、白犬によって助けられ美濃《みの》へ出る。

さらに、尾張《おわり》へ行き、そこで尾張氏の娘である宮簀《みやず》媛をめとってしばらく滞在することになる。そこで近江《おうみ》の五十葺山《いぶきやま》（膽吹山）に荒ぶる神がいることをきき、剣を宮簀媛の家へ置いたまま山へむかうが、霊力をひめた剣を持たずに出かけたヤマトタケルはさんざんな目にあい、かろうじて尾張へもどることになる。しかし、宮簀媛の家へ入らず伊勢へ向かい、尾津を経て能褒野《のぼの》で生涯を終えるのである。時にヤマトタケル三十歳であった。

以上がヤマトタケルの東征とその死について語る伝承であるが、彼の死後について『日本書紀』は、ヤマトタケルが死後、白鳥となって天に昇っていったというのである。

以上、ヤマトタケルの伝承を追ってみたのであるが、ひとつには英雄としてのヤマトタケル像が強く印象づけられたのではないかと思う。また、死んだあとの白鳥への変身というのもふつうの人とは異なり、なにか聖的なイメージを感じさせられ、これまた印象深いものである。こうした人物像と白鳥への変身に注目して、視点を変えてさらに考えてみることにする。

■天皇としてのヤマトタケル

熊襲平定、そして、蝦夷の平定とヤマトタケルの行動は目をみはるものがあり、それは天皇にも匹敵するといってよいくらいである。しかし、もちろん『日本書紀』では、ヤマトタケルは景行天皇の皇子ではあるが、天皇ではない。

しかし、奈良時代に国ごとにまとめられた『風土記』をみると、そのなかには天皇としてのヤマトタケルの姿をみることができる。もちろん、すべての『風土記』がヤマトタケルを天皇としているわけではない。ヤマトタケルは『風土記』のうち、常陸《ひたち》・出雲《いずも》・肥前《ひぜん》の国々の記載のなかに姿がみられ、あとは「逸文」として部分的に残っている尾張《おわり》・陸奥《むつ》・美作《みまさか》・阿波《あわ》の『風土記』にも姿をとどめている。これらの『風土記』にみられるヤマトタケルは「記・紀」の中のヤマトタケルとはずい分と異なっており、独自の世界を形成しているといってよい。

具体的にヤマトタケルの表記をみてみると、『日本書紀』の表記である「日本武尊」を用いているものが、肥前に三例、尾張・陸奥・美作に各々一例ずつの合計六例がみられる。また、『古事記』の用例である「倭建命」はというと、『風土記』の中に同一表記は見出せない。しかし、類似のものとして、出雲に「倭健命」という表記がみられ、景行天皇が御子である倭健命の名を忘れないために健部を定めたとしている。さらに、『尾張国風土記』の逸文には「日本武命」という表記もみられ、『阿波国風土記』の勝間井の条では、「倭健天皇命」という表記がなされている。また、『常陸国風土記』をみると、全部で十三カ所にわたって、「倭武天皇」の表記と伝承とがみられる。

ヤマトタケルは、「記・紀」では即位することなく死んだのであるが、『風土記』のなかには、このように「天皇」の表記がみられるものがあり、とくに『常陸国風土記』ではそれがいちじるしい。『常陸国風土記』はその書き出しに、「常陸国司、解す」とあることからあきらかなように、この箇所の記録は常陸国衙《こくが》から国司《こくし》によって奈良の中央政府へ上申されたものである。したがって、ヤマトタケルを「天皇」として扱うことは、当時において決して誤ったことではなかったと思われる。

現存する『風土記』では、常陸と阿波の二国のみからしかヤマトタケルを「天皇」として扱った例を見出すことができないが、これは『風土記』の残存状況に影響されているものと推測される。いずれにしても『風土記』のなかにヤマトタケルを「天皇」としている事例がみられることは興味深いことといえよう。

■「白鳥伝承」はいかに生まれたか

白鳥伝承としては、先にみたようにヤマトタケルが死後、白鳥となって大空に舞い上がったという伝承が有名である。ここにみられる白鳥は、いうまでもなくヤマトタケルの霊の象徴としての役割を果たしている。古代人にとって、白鳥が翼を広げて空をはばたく姿はやはり視覚的に清浄であり霊的であったのであろう。

さらに、白鳥についてみていくと、天女の化身ともみなされていたことがしられる。その白い翼が天女の羽衣とオーバー・ラップされたためであろう。羽衣説話とよばれるもので、天女が下界に降りてきて人間と交渉をもつというこの説話のパターンは広く世界的にも分布がみられる。西欧では「白鳥処女型」といわれている。

日本の例として、『近江国風土記』の伊香小江の条にある説話は羽衣説話のなかでも典型的なものであり、しかも定型を備えたものとしてはもっとも古いタイプのものといわれている。伊香小江は余呉湖《よごこ》のこととされ、ここに八人の天女が白鳥となって舞い降り水浴をするところから説話が展開されていく。

伝承の続きを追うならば、時に伊香刀美《いかとみ》という男が白鳥をみて、その姿に感じて神かと思ってあとを追い、水浴の場所にたどりつく。そして、白犬を使って天羽衣を一枚、盗みとってしまう。気配を感じて天女達はいっせいに天羽衣を身につけ飛び去ってしまうが、最も年少の天女だけは羽衣を取られてしまっていて飛び立つことができず、結局、伊香刀美と夫婦となり子供まで産む。しかし、最後には羽衣をみつけて天上にもどっていってしまう。これが説話の大筋であり、類似のものは、『丹後国風土記』の奈具社の条にもみられる。また、羽衣説話ではないが、白鳥についての伝承は『常陸国風土記』の香島郡の白鳥里の条にもみられる。

さらに、白鳥は天女ばかりではなく、餅との関連性についても指摘することができる。たとえば、『豊後国風土記』の総記条をみてみよう。ここには、菟名手《うなで》という男が登場し、彼が豊前国仲津郡の中臣村にやってきて、そこで一泊したところ、

明くる日の昧爽《あかとき》に、忽ち白鳥あり。北より飛び来たりて此の村に翔り集ひき。菟

名手、即ち僕者に勒《おほ》せて、其の鳥を看しむるに、鳥、餅と化為り、片時が間に、復、芋草数千許株と化りき。花と葉と冬も栄えき。

という不思議な状況に出会ったと記されている。類似の説話が、『豊後国風土記』の速見郡の田野の条にもみられる。それによると、田野は農民が余った稲をとりこむことをせずに、田の畝に捨てておくほど豊かな地であった。そのため農民はおごりたかぶって餅を弓の的にしたところ、その餅が白鳥となって南方へ飛び去り、以後、水田は荒れはて農民は死に絶えてしまったという。これと同様な説話としては、『山城国風土記』の伊奈利《いなり》社の条もあげられる。この山城の説話は、現在の伏見稲荷大社の縁起としても知られるものである。

このように、白鳥には霊的なイメージに加えて、天女のイメージ、そして餅のイメージを指摘することができ、諸国の『風土記』の中にこれらの具体的な内容をみることができる。白鳥伝説というと、まずヤマトタケルが想起されるが、それは実は「記・紀」の伝承によるものであり、『風土記』をひもとくと、そこにはまた異なった白鳥のイメージが展開されているのである。

14 神功皇后

■伝説の皇后

神功皇后は謎につつまれた女性である。存在そのものが伝説的であり、実在性についても疑われている。まず、その名前の表記であるが、『日本書紀』では気長足《おきながたらし》姫尊《ひめのみこと》としている。しかし、気長は息長とも書かれ、むしろこの方が一般的な表記といえる。そして、息長は近江国坂田郡にみられる地名とされる。

なるほど、気長は息長に通じ、「息が長い」ということを表わしている。「息が長い」という場合の「息」は生命と同じ意味であり、気長（息長）は長生を象徴した名称と考えられる。

したがって、気長（息長）足姫尊という名を現代的に解釈すると、近江国の活力あふれる姫、ということになろうか。まさにこれは、新羅征討説話の主人公にふさわしい名前といえよう。

神功皇后の父は、気長宿禰王であり、母は葛城高額媛《かずらきのたかぬかひめ》となっている。仲哀《ちゅうあい》天皇の二年正月に皇后となった。このとき、神功皇后は二十四歳になっており、神功紀によれば、「幼《わか》くして聡明《さと》く叡智《さか》しく」「貌容壮麗《はなはだかほよ》し」という理想的な女性であった。

さらに、単に聡明で美人というのみではなく、神がかりする巫女《みこ》的性格をもかねそなえた女性であった。

■『風土記』にのこる「天皇」の表記

神功皇后は、『日本書紀』でも他の天皇と同様に独立した項目、つまり、神功紀が立てられている。このことから、『日本書紀』において神功皇后は、天皇と同質、もしくはそれに準じる存在とされていることが知られる。しかし、『日本書紀』では神功皇后は、あくまで皇后という表記がつらぬかれている。ところが、『日本書紀』と成立をほぼひとしくする『風土記』をみると、神功皇后を天皇と表記している場合がみうけられる。

『風土記』は、和銅五年（七一三）の官命によって、国ごとに編纂された地誌である。成立年が明確なものは、天平五年（七三三）に完成した『出雲国風土記』のみであるが、大体、八世紀の初めごろの成立と考えられる。

これらの『風土記』のうち、神功皇后を天皇として表記しているものは、常陸《ひたち》・播磨《はりま》と摂津《せっつ》の三カ国である。

「記・紀」においては、天皇とされていないにもかかわらず、『風土記』では天皇とされているわけであるが、実はこうした例は、『風土記』のなかにあといくつかみることができる。

たとえば、日本武尊《やまとたけるのみこと》は、『常陸国風土記』では、倭武《やまとたける》天皇と記されているし、『阿波国風土記』逸文では、倭健天皇命と表記されている。また、市辺押磐皇子《いちべのおしは》は『播磨国風土記』において、市辺天皇命とか市辺之天皇となっている。『播磨国風土記』では、菟道稚郎子《うぢのわきいらつこ》皇子も宇治天皇として登場しているし、聖徳太子についても聖徳王と記されている。聖徳太子は、『伊予国風土記』の逸文にも上宮聖徳王として姿をとどめている。

これらの人物は、その経歴をみるとなるほど天皇と同等もしくはそれに準ずるものをもっている。しかしながら、「記・紀」においては、皇位についた人物として認められていないわけであるから、『風土記』にみられるこうした扱いには問題があるといわざるを得ない。『風土記』が官撰の地誌であるという性格を考慮するならば、なおさらこうした表記は問題とされるであろう。

これについては、さまざまな考えがあろうが、「記・紀」の性格と、それぞれの『風土記』の成立年代とが関係していると思われる。つまり、皇位は和銅四年（七一二）に成立した『古事記』によって一応の確定をみたわけであるが、この段階ではいまだにあいまいな点も残されていたと考えられる。それが明確に固定されたのが、養老四年（七二〇）に完成した『日本書紀』においてであると考えられる。

すなわち、和銅四年（七一二）から養老四年（七二〇）までの間は、皇位については一応の確定がなされてはいたが、それはあくまでも一応の決定であって、完全に固定化されてはいなかった。

したがって、和銅五年（七一三）に撰進の命が出された『風土記』のうち、編纂事業がスムーズに進められ、養老四年（七二〇）以前にできあがったものについては、「記・紀」において天皇と表記されない人物を天皇として扱っているケースがでてきても不思議ではないということになる。『風土記』と、そこにみられる天皇号との関係については、まだまだ検討されなければならない点があるが、それはさておいても、みてきたように、『風土記』のなかに神功皇后を天皇と表記した例があることは非常に興味深いことといえよう。

■神功皇后は卑弥呼なのか

神功紀には、不思議な記載がみられる。それは神功摂政三十九年条である。ここに、割注として『魏志《ぎし》』倭人伝《わじんでん》が引かれている。その内容はというと、明帝の景初三年（二三九）六月に倭の女王が大夫難斗米（難升米）らを遣わして帯方郡にいたり、天子に会見したいといって朝貢してきたという。そこで、太守の鄧夏《とうか》は、部下に命じて難斗米らを都へ送ったというものである。

景初三年は二三九年にあたり、いうまでもなく邪馬台国の女王の卑弥呼が魏へ使いを送った年に他ならない。ただし、明帝は二三九年の正月に死んでおり、六月は斉王芳の即位後のこととなる。しかし、とにもかくにも、引用された『魏志』の中にみられる「倭の女王」は卑弥呼と考えられる。とするならば、神功紀になぜこのような記載が入りこんだのであろうか。

この点については、『日本書紀』の編纂者が、卑弥呼と神功皇后とを同一人物とみていたからであるという説がある。実際、神功紀の摂政四十年条にも『魏志』が引かれていて、それによると、魏が正始元年（二四〇）に建忠校尉梯携《ていけい》らを遣わして、詔書と印綬《いんじゅ》を倭国にもたらしたとある。

さらに、摂政四十三年条にも『魏志』が引用されていて、正始四年に倭王が大夫伊聲者掖耶約ら八人を魏へ派遣したことが記されている。この摂政四十三年条にみられる倭王も、卑弥呼のことをさしていると考えられる。こうしたことからも、『日本書紀』の編纂者は、卑弥呼と神功皇后とを同一人物としてとらえているといわれるが、一方では、そうではないという意見もみられる。

それは、神功皇后の実在性を強調するために、中国の史書にみえる倭の女王の記事を神功紀にもってきたのであろうという説である。つまり、神功皇后の存在感が弱かったために、こうした中国の史書の引用や七枝刀の伝来を神功紀に配置したというのである。

たしかに、神功紀の摂政五十二年九月十日条には、百済から久氐《くてい》らが千熊長彦《ちくまながひこ》に従って来朝し、七枝刀一口、七子鏡一面ほか種々の重宝を献上したと記されている。

これらのうち、七子鏡は現在伝わっていないが、かつては吉備津彦《きびつひこ》神社に納められており、吉備氏の宝器であったともいわれている。また、七枝刀は有名な石上《いそのかみ》神宮（奈良県天理市）の七支刀で、泰和四年（三六九）の銘がみられる。

また、神功紀の摂政六十六年条も興味深い。ここには、この年（二六六）が晋の武帝の泰初二年にあたるとして、さらに晋の起居注《ききょちゅう》を引いている。起居注とは、中国の歴代の皇帝の言行ならびに事績を記したもので、日記体で書かれた記録のことである。

それによると、武帝の泰初二年十月に倭の女王が貢献したことが記されている。ここにみられる倭の女王は、卑弥呼の宗女《そうじょ》である壱与《いよ》と考えられる。したがって、神功紀の摂政六十六年条においては、神功皇后と壱与を同一視しているわけである。もっとも、『日本書紀』の編纂者は、ここにみられる壱与の記事も卑弥呼のものと誤認しており、『日本書紀』の編者は、あくまでも神功皇后と卑弥呼を同一人物としている、という見解もみられる。

いずれにしても、神功紀にこうした中国側の史書の引用や七枝刀の伝来記事がみられることは事実であり、これらは、神功皇后の実在性を主張するための要素とされているように思われる。

■新羅征討説話の謎

神功皇后は謎の多い女性であるが、皇后の事績のなかでもっとも大きな比重を占めるのは、何といっても新羅征討であろう。そもそも新羅征討の伝承は、仲哀天皇のときから始まっている。というよりも、「記・紀」にみられる仲哀天皇の記事の多くは新羅征討に関係しているといってよいであろう。

『古事記』では、仲哀天皇の系譜がのべられ、そのあとからすぐに神功皇后の新羅征討の伝承が続いている。

『日本書紀』では、仲哀天皇二年三月に、天皇が紀伊に巡幸したときに熊襲がそむいたことを知り、これを討つために穴門《あなと》へ向かう。

このとき、皇后は角鹿《つぬが》にいたが、勅によって穴門へ向かうことになる。そして、仲哀紀は二年条から八年条へとび、八年九月五日に天皇が群臣に詔して、熊襲征討をはかったとき、神功皇后が神がかりして、熊襲は「空国《むなくに》」であり、それよりも

「眼炎《まかがや》く金・銀・彩色」にあふれている新羅を討つべきであると託宣したが、天皇はその神託を疑ってしまう。

天皇は、高い山に登って、はるかに海をみわたして、国などみえぬのに神はどうしていつわりをいうのか、と神に逆に問いかける。すると、また神功皇后は神がかりするが、ついに天皇は神を信じず、その結果、翌年二月に死んでしまうのである。

つまり、仲哀天皇は、自らの伝承をほとんど残していない。いわば神功皇后の新羅征討の前段階といった印象が強い。このことは、仲哀天皇が実際に存在した天皇ではなく、のちになってつくられた天皇であることをうかがわせている。

このようにみてくると、神功皇后の新羅征討の伝承にも虚構性が強く感じられる。征討説話の内容を追うならば、神功摂政前紀九年十月三日に対馬の和珥津《わにのつ》から出発する。すると、飛廉《かぜのかみ》は風を起こし、波の神は波をまき起こして船の進行を助けた。さらに、海中の大魚がことごとく浮かんできて船をかついで進めた。大風と大波に乗って、軍船は水夫がこがずとも新羅についた。

このとき、神功皇后の船が起こす波が新羅を襲い、国の半分もが波におおわれてしまった。新羅王は恐れおののいてなすすべもなく、人々を集めて、新羅建国以来、海水が国土をおおうことなどきいたことがない、天運が尽きたかといった。その言葉がおわるかおわらぬうちに、神功皇后の軍船が海に満ちて、旗が輝き、鼓・吹《ふえ》・聲《こえ》がとどろき山川をふるわせた。

新羅王は、東方に日本という神国があり、天皇という聖王がいるときく、とても勝つことはおぼつかない、といって白旗をかかげて降服してしまう。そこで、高句麗王と百済王も軍営の外に出て叩頭《こうとう》して降服した。そこで、神功皇后は三韓より帰り、筑紫で応神天皇を産んだ。

これが、新羅征討説話である。もとより、これは伝承であり、修飾も非常に多いが、それにしても、ずい分と抽象的である。このように新羅征討説話が具体性を欠き、あまりにも抽象的である理由としては、この説話が歴史的事実をふまえたものではない、ということが考えられる。

それでは、この新羅征討説話はいつごろ形成されたのであろうかというと、七世紀の中葉ごろであるといわれている。それは、ヤマト政権が国内の安定を確保し、朝鮮半島、すなわち三韓を従えるべきであるという発想が強まった時期である。そして、具体的には、神功皇后と舒明《じょめい》天皇の名前の類似がいわれている。神功皇后が息長足姫尊であるのに対して、舒明天皇の名は息長足日広額《おきながたらしひひろぬか》であり、新羅征討説話は、話はこのあたりにつくられたと考えられている。

かつて、ヤマト政権は、任那に足がかりを得るために朝鮮半島に出兵した経験があるが、それはあくまでも部分的な戦いであり、神功皇后の新羅征討説話のような大規模なものとはとうてい考えられない。そして、七世紀の中葉ごろには、そうした経験もすでに色あせて記憶もうすらいでいたと思われる。

こうしたことが、新羅征討説話がかくも抽象的で、有名なわりにはおよそ戦争らしくない内容になっている理由であるといわれている。

■香坂王、忍熊王の反乱伝承の背景

「記・紀」では、神功皇后の新羅征討説話のあとに、応神天皇の異母兄にあたる香坂王《かごさか》と忍熊王《おしくま》の反乱伝承を記している。

この二人の王の母は、仲哀天皇の叔父にあたる大江王の娘の大中津比売《おおなかつひめ》である。血筋からいうならば、気長足姫尊より大中津比売の方が皇后としてもふさわしいといえる。その大中津比売の二人の王が、自分たちより年下の応神が皇位につくであろうことを予見して、「吾等、何ぞ兄を以て弟に従はむ」といって反乱を企てたのである。このとき、犬上君《いぬかみのきみ》の祖である倉見別《くらみわけ》と吉師《きし》の祖の五十狭茅宿禰《いさちのすくね》は香坂王の側についていた。

反乱を起こしたとき、香坂王と忍熊王は共に菟餓野《とがの》に出て祈狩《うけひがり》をし、もし事がうまくいくならば、きっと良い獲物が得られるであろうといった。ところが猪が飛び出してきて香坂王を食い殺してしまった。

兵士たちは恐れおののいたが、忍熊王はひるまずに兵をおこした。しかし、結局は山背《やましろ》の宇治まで退くことになってしまう。そこで、神功皇后の命を受けた武内《たけしうちの》宿禰《すくね》と武振熊の軍勢と闘うことになる。武内宿禰は一計を案じ、策略をもって忍熊王の軍を打ち破ることに成功する。忍熊王は、ついにささえきれなくなって、瀬田川に入水して死んでしまうのである。

これが「記・紀」の伝承の大筋であるが、この兄弟たちの争いの伝承には、のちの安閑《あんかん》・宣化《せんか》・欽明《きんめい》の三天皇の皇位継承をめぐるいきさつが反映されているともいわれている。すなわち、継体《けいたい》天皇の死後、近江《おうみ》や越前《えちぜん》の豪族と関係をもつ安閑天皇が即位し、そののち、宣化天皇が即位することになる。

しかし、こうした近江・越前の豪族と結びつきのある二人の天皇に対して反感をもつ大和の豪族たちが、仁賢《にんけん》天皇の皇女である手白香《たしらか》皇后を母にもつ欽明天皇を擁立し、宣化天皇のあと、欽明天皇が皇位につくことになる。こうした皇位継承の流れが、二王の反乱伝承に反映しているというのである。つまり、近江の犬上君とつながる香坂王と忍熊王が安閑・宣化両天皇であり、応神天皇が欽明天皇ということになる。

『日本書紀』のなかでも神功紀は史料批判が比較的によくなされており、歴史学的解明が進んでいる部分である。しかしながら、その主人公である神功皇后は、やはり、多くの謎につつまれた伝説の人物ということができよう。

第3章

古代日本の謎の核心

「記・紀」はどこまで明らかにしたか

15　倭の五王

■五王とは誰か

現在も、「倭の五王」を具体的にどの天皇（大王）にあてはめたらよいのかという点については問題があって謎の部分が多いが、それでもこれらの五王（讃《さん》・珍《ちん》・済《せい》・興《こう》・武《ぶ》）のうち、済・興・武に関しては、済は允恭《いんぎょう》、興は安康《あんこう》、武は雄略《ゆうりゃく》ということが、定説化しているといえる。

その点では、ここでとりあげようとしている興は比較的、問題の少ない人物のようにもみうけられる。しかし、それでは興の実像はというと、実のところはっきりつかむことはなかなか難しい。

それは、何よりも手がかりとなる『宋書《そうじょ》』『梁書《りょうしょ》』といった中国の文献に登場する興の記述が、あまりにも少ないということが原因である。それに加えて興のあとに即位した武が上表文などであまりにも有名で、興はどちらかというと武の陰にかくれてしまっているような印象をうけてしまう。

しかし、『宋書』などを注意深くみていくと、興についての記事、もしくは興に関連するとみられる記述には、他の倭国王たちにはみられない興味深いことも記されている。興を知るためには、やはり中国の文献である『宋書』『梁書』の熟視からはじめなければならない。

■緊迫する東アジア情勢と倭国王

まず『宋書』の倭国伝をみると、

済死す。世子《せいし》興、遣使貢献す。世祖の大明六年、詔して曰く、「倭王世子興、奕《えき》世、忠を載《かさ》ね、外海に藩と作《な》る。化を稟《う》け境を寧《やす》んじ、恭《うやうや》しく貢職を修め、新たに辺業を嗣《つ》ぐ。宜しく爵号を授くべく、安東将軍・倭国王とす可し」と。興死して弟武立つ。

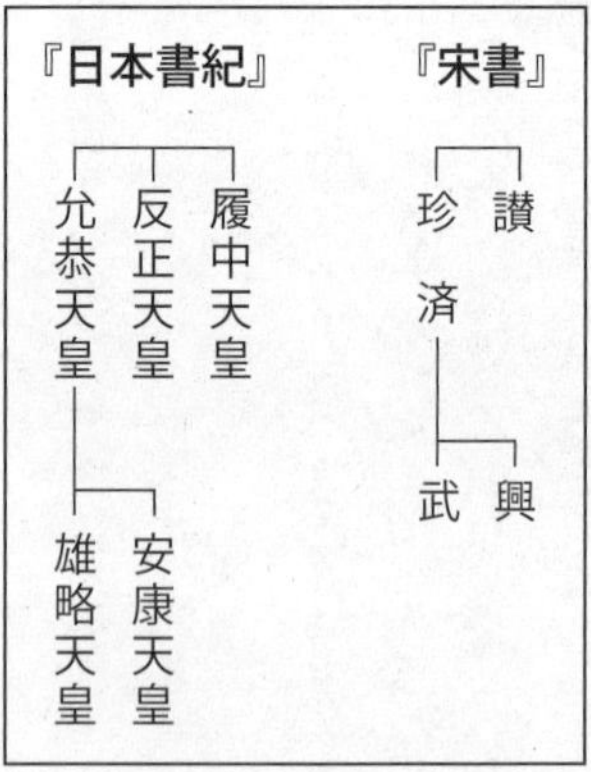

倭の五王と天皇

と記されている。

これによると、倭国王の済が死んだあと、その世嗣の興が即位して使節を宋に派遣し、大明六年（四六二）に安東将軍・倭国王に叙せられた。興の父である済も、また珍も、はじめ安東将軍・倭国王に任じられており、この点では興もそれ以前の倭国王と同じ待遇をうけたといえる。

しかし、済の場合、のちに安東大将軍となっているから、見方によっては興は珍のときの待遇にもどされたとみることもできよう。「恭しく貢職を修め、新たに辺業を嗣」いだといわれるわりには、厳しい評価のように思われる。ちなみに、興のあとに立った武は、安東大将軍・倭王の爵号を与えられている。

興が授けられた官爵については、同じ『宋書』の孝武帝紀の大明六年三月壬寅条にも、「倭国王世子興を以て安東将軍と為す」とあり、やはり安東将軍であったと考えられる。『宋書』の帝紀には、この記事の他に、孝武帝紀の大明四年十二月乙未条と順帝記の昇明《しょうめい》元年（四七七）冬十一月己酉条に、共に「倭国、使を遣して万物を献ず」と記されている。

この二カ所の記事には、倭国王の名がのこされていないのではっきりとしたことはいえないが、興の可能性も考えられるであろう。そして、順帝の昇明二年には有名な倭王武の上表文がみられるのである。

系譜的には、済の子が興で、その弟が武ということになる。この点については、『梁書』の倭伝にも「済死して興立つ。興死して弟武立つ」とあって、一致した系譜関係が記されている。

これらが、倭王としての興について中国文献が直接のべている内容であるが、この他に倭王武の上表文のなかにも「兄」として二カ所ばかり姿をみせている。

臣が亡考《ぼうこう》済、実に寇讎《こうしゅう》の天路を壅塞《ようそく》するを忿《いか》る。控弦《こうげん》百万、義声に感激し、万《まさ》に大挙せんと欲するに、奄《にわか》に父兄を喪い、垂成《すいせい》の功をして一簣《き》を獲ざらしむ、居して諒闇《りょうあん》になりて兵甲を動かさず。是を以て偃息《えんそく》して未だ捷《か》たず。今に至りて、甲を

練り、兵を治め、父兄の志を申さんと欲す

これが「兄」として興が登場している部分である。ここでは、高句麗の台頭に対して、武が高句麗を討つという決意をのべている。実際、倭王武によって上表文が奏された昇明二年という時期は、朝鮮半島に大動乱が起きていたときであった。

というのは、上表文が出される二年前の四七五年、高句麗の長寿王《ちょうじゅおう》が大軍をもって百済を攻撃したため、百済の都である漢城はあえなく陥落し、蓋鹵王《こうろおう》も殺害されてしまったのである。百済は王子文周《ぶんしゅう》が、かろうじて逃れ、南行して熊津《くまなり》を都と定めたので、ようやく存続を保っているという状態であった。

朝鮮半島が緊張している時期に、武が高句麗を討伐することを上表しているわけであるが、これは父である済や兄の興の意志でもあったとのべている。しかし、父と兄は計画を実施する前に死去して高句麗遠征は延期されたので、武がそれをおこなおうと宣言しているのである。

宋朝に倭国の存在をアピールするという点では、まことにタイミングのよい内容の上表文といえよう。そして、興に注目するならば、こうした情勢のなかで倭国王として高句麗征討を準備したということになるが、宋朝に対して倭国の地位の向上を認めさせようという上表文の性格をふまえると、そこにのべられていることを、すべてそのままに受けとることには問題がある。

結局、ここからも断定的なことはいえないのであるが、少なくとも興が倭国王であったときには東アジア世界は緊張した状況下にあり、当然のことながら、倭国もしかるべく対応に迫られていたであろうことは推測できる。

■興の実像を探る

それでは、倭王興とは一体、誰なのであろうか。興を含めた倭の五王の比定は、江戸時代、すでに松下見林《けんりん》によって試みられている。松下見林は元禄期に出版された『異称日本伝』において、五王それぞれに具体的に天皇をあてはめ、興については「安康天皇の諱《いみな》、穴穂《あなほ》訛《なま》りて興と書す」としている。つまり、字形から「興」と「穴穂」とが相似しているとみて、興は安康《あんこう》天皇のこととしたのである。

ついで新井白石も『古史通或問《こしつうわくもん》』のなかで、五王の比定をおこない、やはり興を安康天皇としている。その理由については「興《ホン》とは其字音をもて安康の御名の穂の字をやあやまりぬらむ」とのべ、興を「ホン」と読み、穴穂の「穂」と共通性があるという。

これらの五王の比定は字形・字音をよりどころとしたものであり、系譜面における配慮にかけるところがあった。これに対して、系譜を重視して五王をとらえようとしたのが、明治初期に英国公使館の外交官であったウィリアム＝ジョージ＝アストンである。

アストンの比定は讃を履中《りちゅう》、珍を反正《はんぜい》、済を允恭《いんぎょう》、興を安康、武を雄略《ゆうりゃく》とするものであり、結論的には松下見林や新井白石と同じだが、系譜に根拠をもとめるという点において新しい方法を提示したわけで、紀年論に大きな業績を残した那珂通世《なかみちよ》もアストンの方法論を継承している。

大正時代に入って、倭の五王の比定に新しい方法を導入したのが白鳥庫吉《しらとりくらきち》である。白鳥は、ジャイルスが編纂した『辞典』を活用することによって、五王を音韻研究の面から断定しようとした。このジャイルスの『辞典』は一八七三年に刊行されたものであり、ジャイルスが中国本土やその周辺民族までをも対象として探訪した音韻資料によって、漢字の現代音を記したものであった。

白鳥は、この『辞典』に時代的制約を超えた価値を認め、積極的に利用を試みた。その結果、興については安康天皇の諱である穴穂の「穂」と同じとしてよいとした。白鳥の五王の比定は興を含めて結論的にはあまり新しさがあるとはいえないが、ジャイルスの『辞典』の漢字音を利用しようとした点に科学性を認めることができる。

こうした白鳥の方法論は、昭和時代に入って橋本増吉によってうけつがれた。橋本は、カールグレンの音韻研究を基にして、興は安康天皇の名である穴穂の「穂」の音としてまちがいないとした。

戦後、古代史研究はそれまでにない進歩をとげた。倭の五王研究においても例外ではなく、こうした研究の歩みについては笠井倭人《かさいわじん》氏の『研究史　倭の五王』にくわしい。多様化、そして深化された倭の五王研究ではあるが、こと興の比定に関しては、やはり結論的には安康天皇とする見解が強く、定説化しているといってよいであろう。

■7年間の紀年の食い違い

倭王興については、江戸時代の松下見林による比定以来、安康天皇とする説が主流ではあるが、それ以外の人物を興とする考えがまったくないわけではない。そのひとつに、市辺押磐皇子《いちべのおしは》をあてる説がある。これは、明治時代に菅政友《かんまさとも》によってとなえられた説である。菅は、『古事記』の崩年干支《ほうねんかんし》を重視して紀年の訂正をおこない、五王関係の天皇の年紀を次のように考えた。

仁徳天皇	三九五〜四二七
履中天皇	四二八〜四三二
反正天皇	四三三〜四三七
允恭天皇 安康天皇	四三八〜四五四
雄略天皇	四五五〜四八九

そして、『宋書』倭国伝にみえる「済死す。世子興、遣使貢献す。世祖の大明六年、詔して曰く」という記述と、同じく『宋書』の孝武帝紀の大明六年三月条の「倭国王世子興を以て安東将軍と為す」という記事から、済の死去した年を大明五

年（四六一）とした。

この済については、菅はそれまでの説を受けて允恭としたので、ここで済と允恭の間に死去した年が七年ずれてしまうことになる。そこで、菅は興を安康とする従来の説を否定して、あらたに市辺押磐皇子を興にあてたのである。

市辺押磐皇子は履中天皇の長子であり、允恭天皇の没後、有力な皇位継承者であったと思われる。

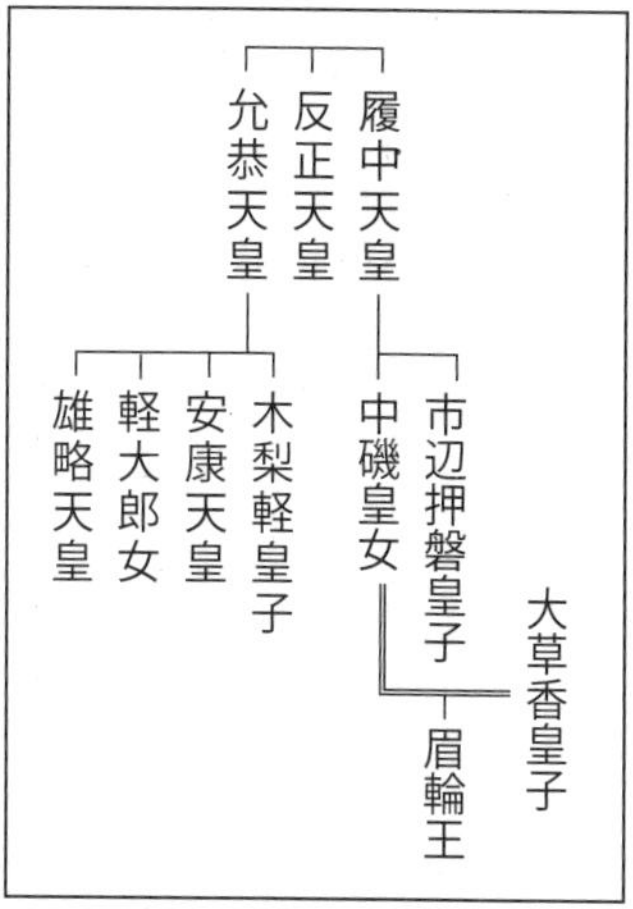

倭王興関係図

『日本書紀』の顕宗《けんぞう》天皇即位前紀に「市辺宮に天下治《あめのしたしら》しし天万国《あめよろずくに》万押《よろずおし》磐《は》尊」と記されたり、『播磨《はりまの》国《くに》風土記』には「市辺天皇命」と記されているのは、そうした市辺押磐皇子の立場をうかがわせるのに十分である。また、『日本書紀』の雄略天皇即位前紀には「穴穂天皇、曾《いむさき》、市辺押磐皇子を以て、国を伝へて遙《はるか》に後事を付嘱せんと欲し」とあって、このことを恨んだ雄略が市辺押磐皇子を謀殺してしまうのである。

こうしたことから、菅は安康天皇が崩御したあとに市辺押磐皇子の執政期間があり、そののち雄略天皇が市辺押磐皇子を殺害したとする立場をとった。

つまり、済と允恭天皇との崩年の間にみられる七年の年差を安康天皇の治世年代とし、興が遣使した大明六年から武が上表した昇明二年の前年までを市辺押磐皇子の執政期間と考え、七年のギャップをうめようとした。

さらに『宋書』において興のみにつけられている「世子」という語句に注目して、これを日嗣《ひつぎ》の皇子と解釈して興が他の四人の倭王とは異なる状況にあったことを主張した。

菅によって、「世子」という語句が重視されたことは大きな意味をもつ。というのは、この「世子」という語句が興に付されていることから他の倭王（天皇）とは立場が異なるという発想が生まれ、ここから久米邦武によって興を木梨軽《きなしのかる》皇子にあてる説も生まれるのである。

久米は済を允恭とした上で、『宋書』倭国伝の「済死す。世子興、遣使貢献す」

とある記述と、同じく『宋書』の孝武帝紀の大明四年十二月条にみられる「倭国、使を遣して万物を献ず」という記事を結びつけて、済（允恭）の崩年を大明三年のこととした。

さらに、『古事記』の允恭天皇の段に「天皇崩之後、木梨之軽太子日継知しめすに定まれるを未だ位に即きたまはざりし間に、其の伊呂味《いろも》軽大郎女《かるのおおいらつめ》に奸《たわ》け」て、伊予に流されたとある記述に着目する。

すなわち、皇太子である木梨軽皇子が同母妹の軽大郎女を奸した罪によって即位の前に廃太子となったのが大明四年のこととした。そして、木梨軽皇子が皇太子を廃されたあと、同年に安康が即位したというのが久米説である。

こうした倭王興を市辺押磐皇子や木梨軽皇子とする説に対しては、すでに昭和初期に太田亮によって批判が加えられている。太田は、それまでの紀年論で問題にされていた『古事記』の干支を重要視せず、『日本書紀』にみられる対外関係記事の干支と中国の史書にみられる干支とを比較することによって、訂正紀年を求めようとした。

そうした検討作業の結果、まず済である允恭天皇の崩年を四五九年と考えた。そして、『宋書』の孝武帝紀にみられる大明四年の遣使については、允恭天皇が本来、計画していたものが、その崩御や木梨軽皇子の事件によってのびのびになってしまい、結局、安康が即位する前に送ったのであるとした。

大明六年、安東将軍に叙せられたときに「世子」とあるのはこうした事情からであり、興を市辺押磐皇子や木梨軽皇子にあてる必要はないとしてこれらを批判した。

菅政友が提示した興を市辺押磐皇子とする説の出発点は、允恭天皇の崩御を『古事記』の崩年干支によって四五四年としたために『宋書』から推定された崩年と七年のギャップがでてしまい、それをなんとか埋めようとしたところにある。

したがって、太田のような方法で紀年を訂正していくのであれば、七年のギャップはでてこない。要するに、訂正紀年を求める方法論の違いが、倭の五王の比定に大きく影響してくるということになる。

■独自の王朝史論の展開

興を木梨軽皇子とする説は、太田亮によって批判されたが、戦後、まったく別の視点からふたたび提唱されることになる。

それは、水野祐博士によってであり、その論理的背景には、水野博士が提唱したいわゆる三王朝交替論とよばれる王朝史論がある。

水野博士は、『古事記』にみられる崩年干支註記を信頼のおけるものと判断して、それの有無によって天皇の実在性を判断した。

つまり、崩年干支をもつ天皇は実在した天皇であり、もたない天皇は架空の存在であると考えたのである。そして、架空の天皇は中国の太一・三皇・五帝の思想によってつくり出された天皇であるとして排除し、その上に立って天皇家は万世一系ではなく、異なった三つの王朝から成り立っているとしたのである。

三王朝交替論の立場から倭の五王を考えると、興に比定されている安康天皇には『古事記』の崩年干支註記がみられない。そのため、実在性の認められない架空の天皇ということになる。

つまり、安康天皇は、允恭天皇と雄略天皇との間におこった木梨軽皇子の廃太子事件を利用して創作された虚構の存在ということになる。

そして、興の使節派遣としてはっきりと確認できるのが大明六年の一回のみであるということと、『日本書紀』において皇太子である木梨軽皇子が允恭天皇の崩御ののち即位をむかえる前に廃されたという記事を考えあわせると、允恭天皇の崩御、木梨軽皇子の廃太子、雄略天皇の即位はいずれも四六二年のこととなると結論づけた。

また、水野博士は倭の五王について、紀年論からばかりではなく、系譜論からも検討を加え、従来、同一人物とされる弥と珍とを別の王として倭の六王としている。つまり、讃と珍との間に弥の存在を想定して六王説を提唱しており、独自のユニークな王朝史論を展開された。

倭の五王のうち、興に焦点を合わせて『宋書』『梁書』といった中国の史書から関連記事をぬき出して、日本のどの天皇に相当するのか追究してみた。興には江戸時代から安康天皇をあてるのが一般的であり、なかば定説化しているといってもよいようにみうけられるが、その根拠を探っていくと意外に明確でないことに驚かされる。

また、一方では「世子」という語句にこだわって、市辺押磐皇子や木梨軽皇子を興にあてる説もあり、まだまだ残された問題も多いといわざるを得ない。その点では、倭の五王は古くて新しいテーマということができるであろう。

16　武蔵国造家の内紛

■大化改新以前の東国

大化前代の東国において、巨大勢力を保持した毛野《けぬ》、そして、その毛野と大和との間にあって複雑な歴史を展開したと思われる武蔵、この両地域をめぐる興味深い伝承が『日本書紀』にみられる。

安閑《あんかん》紀元年閏十二月条がそれであり、その内容を追うならば、次のようなものである。

笠原 直使主《かさはらのあたいおみ》と同族の小杵《おき》という二人の人物が武蔵国造の地位を争って何年も決着がつかなかった。小杵は高慢な性格であり、ひそかに上毛野君小熊《かみつけぬのきみおくま》のもとにおもむいて救援をもとめ、そして、使主を殺そうとした。使主はその動きに気づき、都にのぼって朝廷に事情を報告した。こうした一連の行動に対して朝廷は、使主を国造とする裁断を下し、小杵を誅殺した。国造として認められた使主は喜びにたえず、朝廷のために横渟《よこぬ》・橘花《たちばな》・多氷《た(おお)ひ》・倉樔《くらす》の四カ所の屯倉《みやけ》を設置した。

以上が伝承の内容である。分量的にはさほど多いとはいえないが、内容的には興味深い多くの点を含んでいる。まず、安閑天皇元年は五三四年にあたっている。もちろん、これは伝承であり、そのまますぐにそのすべてを史実の反映とするわけにはいかない。そして、『日本書紀』それ自体の史料批判からは、この伝承が史実を伝えたものであるか否かについてはどちらともいい難い状況である。

しかしながら、一方では、古墳の分布によって想定される政治勢力の推移が安閑紀の伝承とかなり一致するともいわれている。こうしたことを考え合わせると、安閑紀にみられるこの伝承に関して、すべてとはいえないまでも、武蔵においてこうした内紛があったことは認めてもよいように思われる。

このような立場にたって、再度、安閑紀の伝承をみるならば、笠原直使主と小杵とは同族とあるから、小杵も笠原氏ということになる。この二人が武蔵国造の地位をめぐって対立したわけであるが、長年にわたって決着がつかなかったとあることから、両者の勢力が拮抗していたことがうかがわれる。その結果、小杵は上毛野君小熊をたより、使主は朝廷に救いを求め、抗争がいっそう拡大する。この段階において、武蔵国造家の内紛が、それに加えて毛野と大和の対立をひきおこすことになる。

ここで上毛野君小熊の表記が注目される。というのは、武蔵側が国造と記されているのに対して、毛野側は「上毛野君」と表記されており、国造とはなっていないからである。国造とはそもそも大化前代において、ヤマト政権によって地域支配をまかされた地方官である。したがって上毛野君小熊を上毛野国造と表記する方が自然のように思われる。

実際、『国造本紀《こくぞうほんぎ》』には、上毛野国造の条が立てられており、崇神《すじん》天皇の時代、皇子の豊城入彦命《とよきいりびこ》の孫にあたる彦狭島命《ひこさしま》に東方十二カ国を治めさせ、封と為《な》したとある。しかし、ここでも毛野の特異性がみられる。というのは、『国造本紀』では、一般的には「定賜国造」、つまり「国造に定め賜う」と記載されているなかで、上毛野国造の場合には「為封」、すなわち「封となす」という表記がなされている。

もちろん、『国造本紀』の内容をそのまま無批判に認めるわけにはいかないが、毛野にはこうした記載をさせる何らかの背景があったと思われる。実際、『日本書紀』には、上毛野国造という表記は用いられず、もっぱら上毛野君と記されている。

こうしたことから、やはり毛野は武蔵などの地域とは異なった特殊な地域とみなされていたであろうことがうかがわれる。このことは、とりもなおさず、上毛野君小熊と彼を頼った小杵との間には勢力的に差があるということである。

そして、武蔵国造につくことをもくろむ人物が小熊をたのむわけであるから、当然、毛野と武蔵との間には、それ以前から何らかの関係があったであろうことが考えられる。言葉をかえるならば、毛野は武蔵に対して支配力もしくは影響力といったものをもっていたといえるであろう。

■内紛が毛野の勢力にもたらした波紋

武蔵における内紛は、結局、上毛野君小熊を頼った小杵が、使主と彼を支援した大和によって倒されることになる。しかし、小杵の側に立って大和との抗争をも辞さなかった毛野の勢力はなみなみならぬものがあったといえよう。

毛野は、地域的には群馬県と栃木県の一部にあたる。つまり、関東平野の北部に相当するわけであり、これがのちに上毛野と下毛野とに分かれる。毛野が上・下に分かれた時期は不明であるが、『国造本紀』では、仁徳天皇の時代、すなわち五世紀段階のこととしている。一方、考古学的には、石室の構造から毛野が上・下に分かれたのは横穴式古墳が発生する以前のことといわれており、年代的には六世紀前半あたりということになる。

それでは、そもそも毛野とは、どのような地域なのであろうか。この点について、毛野とは毛人《もうじん》の住む地ということであるといわれている。そして、これに関連させて倭王武の上表文がひきあいに出されることが多い。

いうまでもなく、この上表文は『宋書』倭国伝にみられるものであり、「東は毛人を征すること五十五国、西は衆夷《しゅうい》を服すること六十六国、渡りて海北《かいほく》を平らぐること九十五国」という有名な部分に毛人という言葉がみられる。この上表文は宋の順帝の昇明二年、すなわち四七八年のものであり、このころには、東方の国は毛人の国と理解されていたと思われる。

もちろん、倭王武の上表文にみられる五十五の毛人の国々は、毛野のみをさすものではなく、ひろく東方の国々をさすわけである。しかし、こうしたなかで、毛人に関係した地名として、毛野だけが残ったのは、やはり毛人が居住する中心地域であったからかもしれない。

また、倭王武の上表文では、東を毛人といい、それに対して西を衆夷といっていることも興味深い。なぜならばここには、東を東夷《とうい》とする中華思想がとりいれられていない。つまり、倭王武の上表文には、中華思想の影響を受ける以前の倭人の思想がみられるのである。

こうした毛人が住む地域である毛野に政治的、もしくは社会的組織が形成された時期を確定することは容易ではないが、少なくともその初期を象徴するものとして、石田川式土器をあげることができる。この土器は、土師器《はじき》の母胎とされるものであり、時期的には四世紀の中ごろと考えられる。

当時、北関東では、この石田川式土器の他に樽式土器が盛行していた。樽式土器は、畿内に起源をもつ櫛目文土器の系統に属するもので、畿内の弥生文化の東進を象徴している。石田川式土器は、この樽式土器とは異なったタイプの土器であり、そればかりか分布地域についても、石田川式土器が北関東の利根川およびその流域の平坦地に分布しているのに対して、樽式土器は北関東の西北山間部を中心に分布をみせるという互いに異なった分布圏を示している。

　このことは、樽式土器に象徴される畿内型の弥生文化が北関東において東進を阻止されていることをものがたっている。つまり、北関東の利根川およびその流域には、四世紀の中頃には、石田川式土器に象徴される独自な集団が形成されていたと考えられる。そして、これこそがすなわち、毛野の勢力の出発点なのである。

　毛野の地域を古墳によってみるならば、四世紀の中ごろから八世紀の中ごろにいたるまで築造が続けられていたことが知られている。まず、四世紀代の古墳はといいうと、前橋天神山古墳、高崎市の将軍塚古墳、さらには太田市の朝子塚古墳といったいずれも一〇〇メートルを超す大型前方後円墳が存在している。なかでも、前橋天神山古墳は四世紀後半の築造とみられる大型前方後円墳であり、全長は一二七メートルにもおよぶ。その後円部には、長さ八メートル、幅一・二メートルあまりの巨大な木棺が、周囲五〇センチから九〇センチもの厚さで粘土によっておおわれていた。この大粘土槨の中には、三角縁鏡をはじめとする鏡が五面、素環頭大刀一振、銅鏃三十個、紡錘車《ぼうすいしゃ》四個など、いずれも古式をうかがわせる品々が副葬されていた。

　このように、前橋天神山古墳は、東国を代表する大型前方後円墳であるが、このことはとりもなおさず、この地域にこうした古墳を築造することが可能な政治権力が成立していたことを意味している。そして、こうした大型古墳は、五世紀にいたってピークをむかえる。前時代の前橋天神山古墳に隣接する形で、前橋八幡山古墳が構築されるし、高崎市周辺では浅間山古墳、伊勢崎市周辺ではお富士山古墳、太田市周辺では太田天神山古墳、朝子塚古墳、宝泉茶臼山古墳などが現われる。

これらは、いずれも全長一二〇メートルを超す大型古墳であり、とりわけ太田天神山古墳は全長二一〇メートルにおよぶ東国随一の規模をほこる前方後円墳である。これこそまさに毛野の勢力の象徴といえよう。

こうした大型古墳の分布をみると、おもしろい現象がみられる。はじめ前橋市域に造られたものが、五世紀代に入って、高崎市域、伊勢崎市域、そして太田市域へと波及していったことが知られる。六世紀になると、高崎市周辺に不動山古墳、平塚古墳といった九〇メートル級の古墳がみられるものの、前の時代と比較すると大型古墳は少なくなる。そして、六世紀の後半から七世紀の前半にかけては、全長一〇〇メートル前後の大型の横穴式古墳が出現してくるのである。

こうしたことから、毛野が最も勢力をもっていたのは五世紀代ということができよう。実際、この時期、周辺地域には大和による子代《こしろ》・名代《なしろ》の設置がすすめられたのに対して、上毛野地域にはほとんど設置されなかったともいわれている。このように毛野が六世紀になって大きな転換期をむかえたであろうことが古墳の構築状況からうかがわれる。このようなことを考え合わせると、六世紀前半のこととされる安閑紀の武蔵国造家の内紛は、武蔵国造家のみならず、上毛野氏にとっても重要な歴史的意味をもっていたと推測されるのである。

■ヤマト政権の介入と毛野の衰退

武蔵国造をめぐる使主と小杵の争いは、大和側の裁断により使主が国造となって決着をみた。小杵はというと、大和側によって誅殺されたとある。一方、国造となった使主は、喜びにたえず、朝廷のために横渟・橘花・多氷・倉樔の四カ所の屯倉《みやけ》を設置したと伝えられている。

これらの四カ所の屯倉のうち、横渟以外の三カ所は、律令制下の橘樹郡・多摩郡・久良岐郡の前身にあたるとされている。すなわち、橘花は鶴見川の中・下流に相当し、現在の川崎市と横浜市の港北区の一部にあたっている。多氷は、東京都の多摩川流域にあたる。そして、倉樔は帷子川・大岡川の流域で、現在の横浜市の南部にあたる地域といわれている。つまり、これらの三カ所は、多摩川以南の南武蔵における主要平野部ということになる。これに対して、横渟は埼玉県の北部の横見郡であるといわれ、一カ所だけ地理的な異なりをみせている。

これら四カ所の屯倉にあたる地域は、かつて小杵の勢力基盤であったところと推定されている。つまり、南武蔵を中心とする地域ということになる。武蔵国造となった使主は、誅殺された小杵の支配領域を大和側へ屯倉としてさし出したのである。これに対して、勝利をおさめた使主の本拠地は、北武蔵の埼玉古墳群の周辺といわれている。

現在も笠原の地名が残っていることなどから、勝者である使主と埼玉古墳群との関連性は大方の承認するところとなっている。

使主と小杵の本拠をこのようにとらえるならば、武蔵国造家の内紛は、北武蔵の勢力と南武蔵のそれとの抗争ととらえることができよう。これに、大和と毛野が介入したわけである。つまり、南武蔵と毛野に対して、北武蔵と大和が手を結び、これを打ち破ったということになる。

この内紛の詳細については、推測の域を出ないが、武蔵における生産力の地域差が大きな原因としてあげられるように思われる。北武蔵と南武蔵とを比較した場合、はじめに開発が進められたのは南武蔵の方であった。古墳時代の前期には、南武蔵の方に目立った古墳の分布がみられるのは、このことをものがたっている。ところが、古墳時代の後期の様相をみると、北武蔵と南武蔵の立場が逆転してしまっている。これは、とりもなおさず、北武蔵における開発の進展とそれにともなう生産力の向上が背景にあると考えることができよう。つまり、武蔵国造家の内部において、同じ一族のなかで経済力の変化が起きたと思われる。

そもそも武蔵それ自体は、毛野の影響下にあった地域と考えられる。武蔵に対する毛野の収奪は、南部よりも北部に対して厳しかったであろうことは想像に難くない。こうした状況が、北武蔵の生産力の向上によって変化をみせるようになる。すなわち、北武蔵の生産力の向上は、北武蔵に富をもたらすことになるが、それと同時に、毛野による収奪のいっそうの激化をもひきおこすことになろう。

つまり、北武蔵の経済的な成長がそれまでの毛野を中心とした関東地域に大きな変化を与えることになったのではなかろうか。いわば新興地域である北武蔵がパートナーにたのんだのが大和ということになる。

大和としても、それまでの毛野中心の関東地域に干渉する機会をうかがっていたわけであるから、この北武蔵からの申し出は願ってもないことといえる。

それに対して、南武蔵と毛野とは従来の体制を維持しようとするところに利害の一致を見出すことになる。こうした、いわば新興勢力と旧勢力との対立を安閑紀の伝承に読みとることもできるのではなかろうか。

最後に、この争乱に敗れた上毛野君小熊はどうなったのであろうか。この点については、『日本書紀』は何も記していない。しかし、この内紛伝承の翌年、つまり、安閑紀二年五月九日条のこととして、上毛野に緑野屯倉を置いたことがみられる。これを小熊への制裁とする説が出されている。

そうかもしれないが、この五月九日条は、上毛野のみを対象としたものではなく、諸国への屯倉設置のなかのひとつとして上毛野の緑野屯倉がでている。したがって、これをもって上毛野君小熊への制裁とみてよいかどうかについては速断することはできないであろう。しかし、その後の毛野は、急速に独自性を失っていくわけであり、こうした毛野の勢力衰退の契機として、この安閑紀の武蔵国造の内紛をとらえることは妥当性のあることと思われる。

17　欽明朝と安閑・宣化朝の並立

■『日本書紀』の皇統譜

『日本書紀』によると、継体《けいたい》天皇のあとは安閑《あんかん》天皇が継ぎ、さらにそのあとは宣化《せんか》天皇、欽明《きんめい》天皇へと皇位が継承されており、そこには何ら齟齬《そご》はみられないように感じられる。皇位は一日も空しくしてはならないという、いわゆる万世一系の思想がそこには貫かれているかにみえる。

具体的に『日本書紀』の記事を追っていくことにしよう。まず、継体天皇二十五年（五三一）に天皇が八十二歳で没したことになっている。そこで、後継者ということになるが、継体は、まだ即位する以前、北陸にいたときに結ばれた尾張目子媛《おわりめのこひめ》との間に、勾大兄王《まがりのおおえのおう》と檜隈高田王《ひのくまたかたのおう》をもうけていた。また、継体には正統な皇位継承者たらんとして入婿の形で政略結婚した手白香皇女《たしらか》との間に天国排開広庭《あめくにおしひらきひろにわ》がいた。勾大兄王と檜隈高田王は、継体天皇が亡くなったときに共に五十歳近くになっていたと想定され、まず彼らが大方の予想通り後継に指名されることになる。

すなわち、勾大兄王が即位して安閑天皇になるのであるが、二年で没してしまい、ついで檜隈高田王が宣化天皇となる。しかし、宣化天皇も四年で没し、その後、天国排開広庭が欽明天皇となり三十二年間にわたって統治することになる。

■錯綜した紀年の背景

このように、『日本書紀』の皇位の流れを一見すると何の問題もないようにみうけられる。しかし、そこにみられる記載をくわしく検討すると、継体天皇のあと、二年間の空位がでている。さらに、仏教の公伝の年をめぐっても問題が生じてくる。

知られているように、仏教公伝の年については、大きくいって二説がみられる。すなわち、『日本書紀』によると、欽明天皇十三年とし、これは壬申年《じんしん》（五五二）となるが、『上宮聖徳法王帝説』や『元興寺縁起』では戊午年《ぼご》（五三八）となっている。古代においては、六十年で一巡する干支《かんし》を用いて年号表記のかわりとするため、壬申年、戊午年といったいい方になるわけだが、それでは仏教公伝の年はどちらが正しいのであろうか。ひとつの考え方として、年号のかわりに干支を用いるのであるから干支を重視すべきであるということがいえよう。この立場に立つと戊午年（五三八）ということになり、現在、こちらが通説となっている。しかし、一方では、公伝したときの天皇を間違えるわけはないという考えもでてこよう。

そこで、試しに『上宮聖徳法王帝説』などで主張されている戊午年を『日本書紀』にあてはめてみると、宣化天皇三年ということになる。つまり、仏教公伝の年を手がかりにしてみていくと宣化天皇三年と欽明天皇十三年とが重なることになる。また、『上宮聖徳法王帝説』をみると、欽明天皇の在位期間は四十一年間となっており、これを逆算すると、継体天皇が没した五三一年に即位したことになる。

こうした錯綜した紀年を背景として唱えられたのが、欽明朝と安閑・宣化朝の二朝並立説である。すなわち、継体天皇が亡くなったあと、保守派の豪族たちによって前王系の血をひく手白香皇女の子である天国排開広庭が即位して欽明天皇となった。しかし、尾張目子媛の子である勾大兄王と檜隈高田王はこの即位を認めず対立し、二年後についに勾大兄王が即位して安閑天皇となり、欽明天皇と対峙した。安閑天皇の没後は宣化天皇があとをついで欽明天皇に対抗したというものである。つまり、継体天皇の死後、八年におよぶ二朝並立の期間があったということになる。結局は、宣化天皇の崩御によって並立は解消されることになる。このように考えれば、紀年の混乱を合理的に考えられることになり、非常に有力な説ということができよう。

しかし、この二朝並立説にも問題がないわけではない。それは、『日本書紀』にみられる継体天皇の治世下における国内記事の年月を事実とはみなしえないとする有力な批判があるからである。この立場からすると、天皇の本貫《ほんがん》や世系に関しても、確かに信用できる史料によっているもの以外は事実と認めることはできないということになる。

その一例として、継体朝における大事件である磐井《いわい》の乱も、『日本書紀』に記されているような一年半にもおよぶ大規模なものであったかどうか疑問であり、むしろ、『古事記』にみられるような小規模なものではなかったかという説もいわれている。こうした継体紀への批判は、とりもなおさず二朝並立説の基盤をゆるがすものであり、こうした批判の克服が並立説には必要となっている。

18　磐井の乱

■乱の勃発とその経過

六世紀の初めに起きた磐井《いわい》の乱は、ヤマト政権の支配基盤に大きなダメージを与えたとされる。継体《けいたい》天皇は、この事件によって朝鮮半島の経営から後退を余儀なくされることになる。乱の首謀者である磐井は、新羅《しらぎ》からの賄賂に目がくらみ国を売った張本人のような扱いをされている。

この磐井の乱は、乱それ自体が『日本書紀』に記されているような大規模なものではなく、むしろ、『古事記』に、「この御世に、竺紫君石井《つくしのきみのいわゐ》、天皇の命に従はずして、多く礼無かりき。故、物部荒甲大連《もののべのあらかひのおおむらじ》、大伴金村連《おおとものかなむら》二人を遣《つか》はして、石井を殺したまひき」と記されている程度のものではなかったかともいわれているが、それ以上に興味深いのは、磐井の乱は、本当に反乱といえるのかということである。

まず、『日本書紀』の記事を順を追ってみていくことにしよう。継体天皇二十一年（五二七）六月、近江毛野《おうみのけぬ》はヤマト政権の命を受けて、六万の兵を率いて九州へ向かった。目的地は朝鮮半島の任那《みまな》（加羅《から》）であった。しかし、毛野は朝鮮半島へ渡ることができなかった。というのは、筑紫国造であった磐井が反乱を起こしたからであった。

この当時、朝鮮半島の南部に位置する加羅《から》諸国は新羅の圧迫に苦しめられていた。近江毛野の任務は、新羅を破ってこれらの加羅諸国を救済することであった。

ヤマト政権と加羅諸国との関係については、いまひとつ明らかではないが、日本でよくみる勾玉《まがたま》や巴形《ともえがた》銅器が大韓民国の金海市にある大成洞古墳からも出ているという指摘もあり、友好関係にあったと考えられている。たとえ、さほどの関係がないとしても、新羅が加羅諸国を制圧してしまうことは、朝鮮半島に足場を築こうとするヤマト政権にとっては、好ましからざることといえよう。

ヤマト政権は対新羅政策として、従来からの盟友国である百済《くだら》に期待したと考えられるが、六世紀前半の百済にはその余裕はなかった。というのは、北方の高句麗《こうくり》の侵入に悩まされていて、むしろ、高句麗に侵略された領土を南部の加羅諸国の土地によって補おうとしていたくらいであった。そして、こうした百済の動きをヤマト政権は認めざるを得なかった。いわゆる任那四県割譲といわれるものである。このことは、当然のことながら加羅諸国にヤマト政権に対する不信感を高まらせることになる。

近江毛野が朝鮮半島へ派遣されたのは、まさにこうした時期であり、ヤマト政権にとっては背水の陣といったところであった。これに対して新羅がとった戦略は、ヤマト政権との全面衝突ではなく、ヤマト政権内部の分裂を画策しようとするものであった。そこで目をつけられたのが筑紫国造であった磐井《いわい》ということになる。磐井は、かねてからヤマト政権に不満をもっていたとされる。その理由は、朝鮮半島への対策のためヤマト政権はとかく九州の豪族に負担を強いていたからだという。

新羅のねらいは的中し、磐井は反乱を起こした。そのため近江毛野は行く手を阻まれ、ヤマト政権は加羅諸国への援助どころか足もとの火を消すことに追われる始末となった。結果的には、磐井は追討軍として派遣された物部麁鹿火《もののべのあらかひ》によって鎮圧されてしまうことになるが、その間に新羅は加羅諸国を併呑することに成功した。

■本当に「反乱」だったのか

『日本書紀』によって磐井の動きをみると、たしかに反乱である。その理由は、磐井が国造という立場にあるからである。ヤマト政権下の地方官である国造であるのにもかかわらず新羅に通じ、ヤマト政権に弓をひいたのであるから、まぎれもない反乱である。

しかし、最近の研究では、国造制の成立は七世紀前半ごろとされるようになった。その立場からすると磐井の乱の見方は大きく変わってくる。すなわち、磐井が兵を挙げたとされる六世紀前半の段階では国造制は施行されておらず、したがって、磐井は九州北部の地方豪族ということになる。つまり、九州の北部に勢力をもち、おそらくは、ここを朝鮮半島へのルートとして確保したいヤマト政権と友好関係を結んでいたのであろう。それが新羅からの誘いを受けて、ヤマト政権と手を切ったというのが真相かもしれない。このように考えると、磐井の挙兵は反乱とはいえなくなってくるようにも思われる。いずれにしても、従来の磐井の乱は再考が迫られているといえるであろう。

19 「任那日本府」の実像

■欽明紀に集中する「任那日本府」

戦後の古代史研究の進展のなかで、テーマによっては、その評価が一変したものも少なくない。また、現在も評価を変えようとしているものもある。これからみようとしているいわゆる「任那日本府《みまなにほんふ》」の問題も、まさにそうしたもののひとつといえよう。

そもそも日本府という言葉がみられるのは、『日本書紀』においてであり、初見は、雄略《ゆうりやく》天皇八年（四六四）二月条である。それによると、新羅《しらぎ》が高句麗《こうくり》に攻められたため、任那の王に使いを送って、日本府の行軍元帥《いくさのきみ》たちに救援を求めたとある。その結果、任那の王は、膳臣斑鳩《かしわでのおみいかるが》・吉備臣小梨《きびのおみおなし》・難波吉士赤目子《なにわのきしあかめこ》を新羅救援軍として派遣した。もちろん、この当時に、日本という国号はまだないことなどから多分にこの記事は作為性が強いとされている。

この一例を除くと、任那日本府の記事は、欽明《きんめい》紀に集中している。まず、欽明天皇二年（五四一）四月条には、任那の中の一国の安羅《あら》の次旱岐《しかんき》夷呑奚《いとんけい》・大不孫《だいふそん》・久《く》取柔利《すぬり》、高霊加羅《こうれいから》の上首位古殿奚《おこししいこでんけい》、卒麻《そちま》の旱岐《かんき》、散半奚《さんはんげ》の旱岐の子、多羅の下旱岐《あるしかんき》夷多《いた》、斯二岐《しにき》の旱岐の子、子多《した》の旱岐などと共に、任那日本府の吉備臣が百済の聖明《せいめい》王のもとにおもむき、天皇の詔書をうけたまわったとある。その席で、新羅に滅ぼされた南加羅《から》・喙己呑《とくことん》・卓淳《とくじゅん》の復興、いわゆる任那復興の協議もおこなっている。次いで同年七月条には、百済が安羅の日本府と新羅とが通報していると聞き、使いを安羅へ送っている。そして、任那の執事《つかさ》と任那復興を協議させると共に、日本府の河内直《こうちのあたい》が新羅に通報したことを厳しく責めている。さらに、聖明王は、任那日本府に対して、日本の卿たちは、新羅の甘言にのることなく、任那復興に尽力するように求めてもいる。

また、欽明天皇四年（五四三）十一月条には、百済に対して、任那の下韓《あるしからくに》に駐在している百済の郡令《こおりのつかさ》・城主《きのつかさ》を日本府に属させることと任那復興を急ぐようにという詔がみられる。次いで、十二月条には、百済が任那の執事と日本府の執事とを召集したが、正月の一日をすぎてからうかがうという返答があったことが記されている。さらに、五年正月条にも、再び任那・日本府の双方の執事を召集したが、神を祭る時節がすんでから応じるという返事をうけ、三度、召集している。

これに対して、日本府と任那は、執事ではなく、下級の者を派遣してきたため、目的の任那復興の協議ができなかったとある。同年二月条にも、百済は任那に遣使して、日本府と任那の旱岐らとに任那復興の策を協議できないことを責め、日本府の卿と任那の旱岐らは百済にきて天皇の詔をきくようにのべている。さらに、日本府の執事で親新羅派の河内直・日本府の卿・任那の旱岐らに対して個別にも百済の召集に応じないことを非難している。

こうした百済の非難に対して、日本府は、任那の執事が百済に赴かないのは、日本府の命令によるものであることをのべ、それは天皇の勅命であるとしている。これに応じて、任那の旱岐らも日本府の卿が発遣を許さないので、百済へ行くことができないと弁明している。

同年三月条には、百済が日本へ上表して、日本府の卿の的臣《いくはのおみ》・臣の吉備臣弟君《おときみ》・

執事の河内直らが親新羅官人の阿賢移那斯《あけえなし》・佐魯麻都《さろまつ》のいいなりになっていることをのべている。そして、同年十一月条には、百済に日本府の吉備臣弟君や任那の執事らが召集され、聖明王と任那復興の協議がなされている。翌、欽明六年（五四五）九月条には、百済が任那に使を送って日本府の臣や任那の旱岐に呉の財物を贈ったとある。

欽明天皇九年（五四八）四月条には、百済がこんどは、安羅と日本府とが高句麗に通じている可能性があると日本へ上表し、天皇はこれを否定している。このあと、欽明天皇十三年（五五二）五月八日条には、百済王・安羅王・加羅王と日本府の臣たちが使いを日本へ送ってきて、高句麗と新羅とが連合して攻撃をしかけてくるとして救援を求めている。

このように、朝鮮半島における複雑な情勢が欽明紀にはみられるのであるが、欽明天皇十五年（五五四）条には、聖明王の戦死のことがのべられている。そして、聖明王の死を契機として、半島の状況は大きく動き、欽明天皇二十三年（五六二）条にいたって、任那の滅亡ということになるのである。

■韓国側史料はどうなっているか

任那日本府に関連する『日本書紀』の史料をみてきた。日本側の史料である『日本書紀』に対して、韓国側の古代を叙述した史料としては、『三国史記』と『三国遺事』があげられる。したがって、これらの史料を読み比べることによって、より客観性が得られるものと期待されるわけであるが、任那日本府に関しては、『三国史記』『三国遺事』にまったく記載をみることができない。さらにいうと、任那をめぐる情勢に関しても、欽明紀には、みたように、かなり複雑に記述がみられたのに対して、『三国史記』や『三国遺事』には、それほどでもない。

たとえば、任那の滅亡についてみると、欽明天皇二十三年（五六二）正月条には、新羅が任那の宮家を滅ぼしたとある。そして、ある本では欽明天皇二十一年のことであるとして、別伝承ものせている。そして、任那の宮家を総称して任那といい、それは、加羅《から》・安羅《あら》・斯二岐《しにき》・多羅《たら》・卒麻《そちま》・古嵯《こさ》・子他《した》・散半下《さんはんげ》・乞飡《こちさん》・稔礼《にむれ》の十カ国のことであると記している。

これに対して、『三国史記』の「新羅本紀《ほんぎ》」をみると、五六二年は真興王《しんこうおう》二十三年にあたる。その七月条の記事が、まず注目される。その内容はというと、百済が侵入してきたので、一千余名を殺したり捕えたりしたというものである。さらに、九月に加耶《かや》が叛いたので、これを討ったとある。このとき副将であった斯多含《したがん》の功績が大きかったので、真興王は、良田と捕虜二百名を与えようとしたが斯多含は再三これを辞退したとある。最後は、やむなく受けとったが、捕虜は解放し、田地は部下に分け与えたので、人々はこぞってほめたたえたと記されている。この記事から、九月以前に加耶、すなわち任那が新羅に滅ぼされていることがうかがわれるが、詳細については記されていない。

また、同じく『三国史記』の「百済本紀」はというと、該当する時期は、威徳王《いとくおう》の九年にあたる。しかし、威徳王九年に関しては、「百済本紀」は、何も記していない。その前年の威徳王八年に、七月のこととして、新羅を侵したが、反撃されて敗れ、一千余名の死者をだしたとある。この記事は、「新羅本紀」の真興王二十三年七月と内容的に類似している。しかし、任那の滅亡に関しては、どういうわけか『三国史記』は黙して語らないのである。

このように、韓国側の史料と比較して検討することが、任那日本府の場合、不可能であり、『日本書紀』をどのように扱うかがポイントになるのである。

■残された数々の謎

任那日本府をめぐる謎としては、まず、どうして『三国史記』や『三国遺事』に記述がないのか、ということがあげられる。この点については、日本府の実体を完全に否定する立場からは、ないのが当然ということになろう。しかし、何らかの歴史的反映があるのではとするならば、やはり、不思議といえよう。このことに関して、『三国史記』『三国遺事』には、かなり史料的な脱落があることが指摘されているが、それだけでは説明できないようにも思われる。

次に、日本府の中味についての謎を探ってみたい。かつては、『日本書紀』の記述を全面的によりどころにした考えがなされていた。すなわち、四世紀以来、ヤマト政権が朝鮮半島に侵入して任那に日本府という拠点をつくり、その後も長期間にわたって、任那・百済・新羅を支配したというものである。

『日本書紀』を無批判に用いたこうした方法に対しては、次第に反省がおこり、なかには、金錫亨《キムソクスン》氏によるいわゆる分国論も提唱された。分国論とは、日本が朝鮮半島に拠点をつくったのではなく、事実は三韓・三国が日本列島内に拠点をもったのであるというものである。この分国論については、現在、説得力が弱いとされているが、日本府に関しても、従来いわれていた日本の朝鮮半島支配のための出先機関という考えは否定されてきている。

それでは、現在、日本府についてはどのように理解されているかというと、諸説がみられ、いまだに結論がでていないといえよう。主なものをあげると、倭から送りこまれた卿・臣・執事と任那から派遣された執事とによる倭・任那の協議体とする説があげられる。また、任那での在地の倭人の連合体という考えもみられる。さらに、倭からの卿・執事が在地の日系官人を支配下に組織した出先機関、もしくは軍事府・将軍府であるとする説もある。これらは、結局は、日本府と日本（倭）との関わりを何らかの形で認めようとするものである。

しかし、これらとはまったく別の視点で、日本府というのは、百済の直轄領の官人の官職名である任那執事からきたものであるとする金鉉球《キムヒョンク》氏の説もみられる。

いずれにしても、日本府とは機関なのか官職名なのか、実体はあるのかないのか、いまだに謎は多い、というのが現状であろう。

20　崇仏・排仏論争

■仏教公伝のときの状況

百済《くだら》の聖明《せいめい》王から日本の欽明《きんめい》天皇に仏像・経論などが贈られてきた。仏教の公伝である。

その時期については、『上宮聖徳法王帝説』や『元興寺縁起』などによると欽明天皇の戊午《ぼご》年（五三八）であり、『日本書紀』によると欽明天皇の壬申年（五五二）である。現在のところ、五三八年に伝来したという説が有力とされているが、いずれにしても六世紀の中ごろに仏教が公伝したことになる。

『日本書紀』によって具体的にみると、このとき、百済から金銅釈迦仏一躯、幡蓋、経論が贈られてきて、仏教は大変すぐれているので広く普及させて礼拝するようにというメッセージがあったとされる。これに対して、欽明天皇は歓喜して、「朕《われ》、昔より来《このかた》、未《いま》だ曽《かつ》て是《かく》の如《ごと》く微妙《くは》しき法《のり》を聞くこと得ず」といったが、仏教を受容するか否かについては自分では決められないという見解を示した。そこで、さっそく、群臣《まえつぎみ》を集め、「西蕃《にしのとなりのくに》の献《たてまつ》れる仏の相貌《かほ》端厳《きらぎら》し。全《もは》ら未《いま》だ曽《かつ》て有《あら》ず。礼《ゐやま》ふべきや不《いな》や」といって仏教受容の是非を審議させた。

まず、大臣の蘇我稲目《そがのいなめ》が、「西蕃の諸国、一に皆礼ふ。豊秋日本《とよあきつやまと》、豈《あに》独《ひと》り背《そむ》かむや」と答えて賛成した。次に大連であった物部尾輿《もののべのおこし》と連の中臣鎌子《なかとみのかまこ》は、「今改めて蕃神《あたしくにのかみ》を拝みたまはば、恐るらくは国神《くにつかみ》の怒りを致したまはむ」とのべて反対の意志を表明した。その結果、欽明天皇は、「情願《ねが》ふ人、稲目宿禰に付《さづ》けて、試《こころみ》に礼ひ拝ましむべし」とした。稲目は大変よろこんで、向原の家を寺として仏像を安置したが、折しもその年に疫病が蔓延した。物部尾輿と中臣鎌子は、仏像を礼拝したことが疫病流行の原因だとして、仏像を難波の堀江に投げすて寺に火を放った。このことに端を発して、蘇我氏と物部氏との間に対立が深まったと説くのが現在の通説といえよう。

■蘇我氏と仏教

崇仏・非仏論争が、蘇我氏と物部氏という当時の二大豪族の抗争の原因であるとする通説を紹介したわけであるが、果たして、これは真実なのであろうか。というのは、一方では、仏教受容の是非は、両氏にとってそれほど深刻な問題ではなかったのではなかろうかという意見もみられるからである。

まず、蘇我氏はというと、いうまでもなく大豪族であるが、後に触れるように出自などの面も含めて謎の多い氏族でもある。しかしいずれにしても、ヤマト政権下において、斎蔵《いみくら》・内蔵・大蔵といういわゆる三蔵《みつくら》の管理、つまり財務を職掌とした経済官僚であることには相違ない。そうした職掌をスムーズにこなすためには、読み・書き・計算といった技術が必要であったろうことは想像に難くない。

当時、文筆や出納といった技術にたけていた人たちの大半は渡来人であった。したがって、蘇我氏は、東漢氏《やまとのあやうじ》をはじめとする渡来系氏族を支配下に組み入れ、積極的に交流を重ねたであろうから、彼らを通して仏教信仰についての知識を得ていたと思われる。欽明天皇から仏教受容について問われたとき、稲目が西蕃の諸国が信仰しているのに日本のみが仏教を拒むことができましょうか、と答えているのは、単に『日本書紀』の編纂者による創作とばかりはいえないような気がする。

しかし、このことは蘇我氏が自らの信仰として仏教を保護しようとした、ということには必ずしもつながらない。むしろ、仏教がもっている新しさや医学的な要素などの科学水準の高さ、そして、それを信仰していた渡来人たちとの関係が蘇我氏の仏教擁護の背景にあるといってよいであろう。

■物部・中臣氏と仏教

一方、物部氏の方へ目をやるならば、たしかに『日本書紀』をみると仏教に反対している。しかし、物部氏だけではなく中臣氏も共に反対していることに注目しなければならない。

中臣氏は、祭祀《さいし》氏族であり、神と人との間に立って神の声を聞き、それを人に伝えるのが役割であった。したがって、中臣氏にとっては、いままでの宗教体制の中に、新たに仏教が入ってくることは脅威であったろうし、場合によっては自分たちの存在価値がなくなってしまうのではないか、という恐れもあったであろう。

それに対して、物部氏は、大伴氏と並び称された軍事氏族である。いうまでもなく軍事や裁判を職掌とする家柄である。同じ反対するにしても、中臣氏と比べると真剣さの点で劣っているとみてよいであろう。

■蘇我・物部両氏の対立原因

つまり、崇仏論争は、当時の蘇我氏と物部氏にとって、一族の命運をかけて戦う、といった争点ではないと考えた方がよいように思われる。それでは、何が両氏の対立点であり、結局は、物部氏の崩壊へつながったのであろうか。

蘇我氏と物部氏が一族の存亡をかけて争った原因としては、当時の朝鮮半島をめぐる外交政策の対立が有力視されている。

具体的にいうならば、新羅によって滅ぼされた加羅を復興するためにどこと同盟するか、ということである。蘇我氏は、高句麗もしくは新羅との関係を重視し、百済との提携を打ち切ろうとしていたのではなかろうかという指摘がなされている。それに対して物部氏は、従来からの百済との同盟を主張したといわれている。こうした対立こそが、実は蘇我氏と物部氏との間の真の対立点であったとされている。

21 蘇我氏の出自

■謎めく系譜をたどる

大化前代を代表する氏族である蘇我氏であるが、どのような系譜をもつ一族なのかというと、不思議なことによくわかっていないというのが実情である。『古事記』の孝元《こうげん》天皇の段によると、蘇我氏の祖は、孝元天皇の皇子である比古布都押之信《ひこふつおしのまこと》命の子の建内宿禰《たけうちのすくね》の子にあたる蘇我石河宿禰《いしかわのすくね》であるという。つまり、皇別の氏ということになるが、建内宿禰の系譜がこのように皇統譜と関連することは、きわめて異例のことといわれている。したがって、蘇我氏が皇別の氏である、という点に関しても疑問が残されている。

蘇我氏の系譜は、石河宿禰のあと、満智《まち》宿禰―韓子《からこ》宿禰―高麗《こま》宿禰―稲目《いなめ》宿禰と続いていく。この系譜をみて気がつくのは、「韓」とか「高麗」というように朝鮮半島との関係が感じられることである。実際のところ、蘇我氏を百済系の渡来氏族とする説がある。それは、応神紀二十五年条に姿をみせる百済の将軍木羅斤《もくらこん》の子の木《もく》満致《まち》が、来朝してヤマト政権に仕えた姿が満智宿禰である、というものである。満致と満智とが同音であることなどに注目した説である。一般には憶測にすぎないとされるが、魅力のある説であるとして、評価する研究者もみられる。蘇我氏が渡来系である、と考える説は、当然のことながら蘇我氏の発祥地にも関わってくる。

■四つの発祥地の検証

蘇我氏の発祥地については、すでに江戸時代から研究史があり、現在の奈良県橿原市にあたる大和国高市郡の曽我《そが》であるといわれてきた。しかし、最近では研究がすすみ諸説が展開されている。それらの中でも代表的なものは、①大和国高市郡曽我説　②河内国石川説　③大和国葛城説　④百済からの渡来説の四つである。

まず、①は、みたように古くからいわれているもので、六世紀中ごろから蘇我本《ほん》宗家《そうけ》の邸宅がこの地にあり、宗我都比古《そがつひこ》神社などもある。しかし、この説に対しては、六世紀中ごろからの本拠地がこの地であったからといって、発祥地もここであるとはかぎらないという指摘がある。

つぎに、②の説は、『日本三代実録《にほんさんだいじつろく》』の元慶《がんぎょう》元年（八七七）十二月二十七日条にみえる石川朝臣木村らの「宗岳朝臣《そがのあそん》」への改姓請願が論拠となっている。これによると、蘇我氏の祖である宗我石川は河内の石川で生まれたが、のちに大和の宗我の大家を賜わって宗我宿禰（のち朝臣）と称したということになる。この説に対しては、蘇我氏のうち、もっぱら倉の管理にあたり、のちに石川朝臣と改姓した系統による創作の可能性がいわれている。

③の説の根拠としては、推古《すいこ》紀三十二年十月条にみえる蘇我馬子の奏言があげられる。「葛城県《かづらきのあがた》は、元臣《もとやつかれ》が本居なり。故、其《そ》の県に因《よ》りて姓名を為《な》せり。是《これ》を以《も》て、冀《ねが》はくは、常に其の県を得《たまわ》りて、臣が封県とせむと欲《ねが》ふとまうす」というのがその奏言であり、馬子が葛城の県の領有を願ったものである。結果的には、推古天皇は馬子の奏言をきいれなかったのであるが、この奏言の中に自分たちの「本居」といっている点はみのがせない。県を領有するための口実ともいえるが、この説に対しては、皇極紀元年是歳条にみえる、「蘇我大臣蝦夷《えみし》、己《おの》が祖廟を葛城の高宮《たかみや》に立

てて、八佾の舞をす」という記事をも合わせ考えると、少なくても七世紀の前半における蘇我氏は、葛城を発祥地と考えていたのであろうといわれている。

④は、蘇我氏が東漢《やまとのあや》氏をはじめとして渡来系の氏族と深いつながりをもっていることやさきにあげたように、応神紀二十五年条にみられる百済の木満致と満智宿禰とが同音であることなどが根拠となっている。この説も他の説と比較すると、さほど有力な論拠に支えられているとはいいがたいのであるが、出自の問題と合わせて、ひとつの仮説が立てられている。それは、百済の木満致が来朝して大和の蘇我に定着し、入婿《いりむこ》によって葛城氏と結びつくことに成功し、五世紀末から六世紀の初めごろに葛城地方へ進出したとするもので、六世紀前半には河内の石川地方へも勢力を伸ばしたとされる。さらに、稲目のあとをついだ馬子の時代になって一族の勢いはさらに拡大し、高市地方の各地に本拠地を占めるようになり、小治田・桜井・高向・田口・境部・田中・岸田・久米・箭口・川辺といった臣姓の諸氏を生みだしていったとしている。

以上のように、蘇我氏の出自をめぐる論争は、いまだ結論がでておらず、とかく軽視されがちな渡来系であるとする考え方についても考える余地があるであろう。

22　聖徳太子

■「記・紀」で違う聖徳太子の扱い

『古事記』と『日本書紀』はよく、「記・紀」と通称されるように、ひとまとめにして扱われることが多い。たしかに、両書は八世紀の前半に国家の命によって編纂されたものであり、その点では共通点をもっている。しかし、一方ではさまざまな相違点がみられることもみのがせない。相違点については、『古事記』が紀伝体《きでんたい》をとるのに対して『日本書紀』は編年体《へんねんたい》である、といった体裁の問題をはじめとして、種々の角度から指摘することができようが、聖徳太子の扱い方の点からも明らかな違いをみることができる。

『古事記』は、神代《かみよ》から推古《すいこ》天皇までを叙述の対象としており、一方、『日本書紀』

は、神代から持統《じとう》天皇までを記載している。したがって、聖徳太子の時代を、両書とも記述の対象としていることになるが、『古事記』の場合、上・中・下の三巻のうち、上巻すべてを神代にあてている関係で天皇の段については簡略化しているところがみられる。簡略化については、天皇の歴代がさがるにつれて顕著となり、聖徳太子に関係のある用明《ようめい》天皇・崇峻《すしゅん》天皇・推古天皇の段になると、その傾向がいちじるしい。このことは当然のことながら、聖徳太子に関する記述の少なさにもつながってくる。

実際に『古事記』をみてみると、用明天皇の段に、天皇が「間人穴太部《はしひとのあなほべ》王を娶して、生みませる御子」として、「上宮の厩戸豊聡耳《うまやとのとよとみみ》命」の名がみられる。これが聖徳太子の誕生記事ということになるが、『古事記』には単に名が記されているのみである。その点、『日本書紀』では様子が異なる。

『古事記』の聖徳太子のこの記事に対応するのは、『日本書紀』の用明天皇元年正月一日条であり、そこには、「穴穂部間人《あなほべのはしひと》皇女を立てて皇后とす」とあり、さらに、「是《これ》、四《よたり》の男を生《あ》れます。其の一を厩戸皇子と曰す」と続けている。そして、聖徳太子の別名として、豊耳聡《とよみみと》聖徳《しょうとく》・豊聡耳《とよとみみの》法大王《のりのおおきみ》・法主王《のりのうしのおおきみ》といった名をあげ、

「是の皇子、初め上宮《かみつみや》に居《ましま》しき。後に斑鳩《いかるが》に移りたまう。豊御食炊屋《とよみけかしきや》姫天皇《ひめのすめらみこと》の世にして、東宮《みこのみや》に位居す。万機を総摂《ふさねかわ》りて、天皇事したまう。語は豊御食炊屋姫天皇の紀《みまき》に見ゆ」と記している。

これだけからも、『古事記』と『日本書紀』両書にみられる聖徳太子の扱い方の相違は明らかであろう。これに加えて、『古事記』には、崇峻天皇と推古天皇の段には、聖徳太子についての記述はひとつもみられない。両天皇の段には、共に天皇名、宮の名称、在位年数、陵《みささぎ》の名のみしか記載されておらず、治世下における記事がまったくあげられていない。したがって、そこに聖徳太子の登場する余地がないのは当然ともいえるが、それにしても推古天皇の段にさえもまったく姿をみせないというのは、やはり、意外な感じを受けるのではなかろうか。

■聖徳太子の謎をひもとく

このように、『古事記』からは、聖徳太子の姿を追うことはほとんどできない。これに対して、『日本書紀』には、聖徳太子のさまざまな面が叙述されており、『古事記』とは異なった歴史空間をかいまみることができる。

『日本書紀』をみると、用明紀の聖徳太子誕生の記事に次いで、崇峻天皇即位前紀秋七月条に太子の姿がみられる。この条は、蘇我馬子らによる物部守屋討滅の記事であり、当時、十四歳であった太子も馬子軍に従っている。戦況は物部守屋側の抵抗が激しく、太子は、白膠木《ぬりで》を切り取ってすばやく四天王の像を造り、「今若し我をして敵に勝たしめたまわば、必ず護世四王の奉為《みため》に寺塔を起立《た》てむ」と誓いをたてたとされる。乱後に建立された摂津国の四天王寺は、この時の誓いによるものといわれている。

推古紀になると、聖徳太子の記事をあちらこちらにみることができる。まず、推古天皇元年四月十日条には、太子を皇太子にする、という記事がみられる。また、その名前の由来について、母の穴穂部間人皇女が出産の日に、「禁中に巡行して、諸司《つかさ》を監察《み》たまう。馬官《うまのつかさ》に至りたまいて、乃ち廐《うまや》の戸に当りて、労《なや》みたまわずして忽《たちまち》に産《あ》れませり。生《あ》れましながら能《よ》く言《ものい》う。聖の智《さとり》有り。壮《をとこさかり》に及びて、一に十人の訴を聞きたまいて、失《あやま》ちたまわずして能《よ》く弁《わきま》えたまう」とあり、父の用明天皇も、ことのほか太子を愛し、宮の南の上段に住まわせたので、上宮廐戸豊聡耳太子というと記している。

太子が、廐で誕生したとか、のちに一度に十人の訴えを聞いて見事に処理したとかというのは、よく知られたエピソードであるが、いうまでもなくいずれも事実としてはにわかに信じがたく、『日本書紀』の文飾とするのが妥当であろう。

推古天皇三年五月十日には、高句麗の僧である慧慈《えじ》が来朝しており、太子は慧慈を仏教の師として師事している。太子のもう一人の仏教の師である百済僧の慧聡《えそう》も、この年に来朝している。慧慈・慧聡は共に「三宝の棟梁《とうりょう》」と称された高僧であり、特に慧慈は、高句麗に帰ったのち太子の死の報に接し、大いに悲しんで翌年の太子の命日に死ぬことを誓い、本当に、その日に死んだというエピソードでも知られる。

太子関係の記事をさらに追うならば、推古天皇九年春二月に宮を斑鳩《いかるが》に造ったことが記されている。十一年十一月一日条には、大夫を前にして、「我、尊き仏像有《たも》てり。誰か是の像を得て恭拝《いやびまつ》らむ」と語っている。これは、現在の広隆寺の縁起でもあり、この時、秦河勝《はたのかわかつ》が進みでて仏像を受け、山背《やましろ》に蜂岡寺（広隆寺）を造ったとされる。

推古天皇十二年四月三日条には、有名な憲法十七条の制定がみられる。「皇太子、親《みずか》ら肇《はじ》めて憲法十七条作りたまふ」とあり、それに続けて、「一に曰はく、和なるを以て貴しとし、忤《さか》ふること無きを宗とせよ。……」以下の内容が列挙されている。憲法十七条と共に聖徳太子の政治的な業績として名高い冠位十二階は、この前年の十二月五日の制定であるが、冠位十二階の制定記事には、聖徳太子の名は具体的には登場しない。憲法十七条が「皇太子、親ら」とあるのと比較すると、『日本書紀』のこの扱いは興味深い。

推古天皇十三年閏七月一日には、太子は衣服制度の整備をおこなっており、諸王や諸臣に命じて褶《ひらおび》を着用することを定めている。褶とはどういうものであるかについては、現在では、その形が不明になってしまっているが、中国の隋の時代のころから始まった服制といわれている。つまり、聖徳太子は、当時の最新のファッションを採り入れようとしたわけであり、この背景には、朝廷の権威を高めようという意図が当然あったであろうが、一面、太子の感覚が感じられるような記事でもある。こうした改革が、一段落ついたのであろうか、その年の十月に太子は斑鳩宮にもどっている。

聖徳太子の仏教関係の業績として、三経《さんぎょうの》義疏《ぎしょ》の撰は、それが真実か否かの問題点が残されているにもかかわらず、つとに有名である。これに関連した記事が、推古天皇十四年秋七月条である。これによると、「天皇、皇太子を請《ま》せて、勝鬘経《しょうまんぎゃう》を講《と》かしめたまふ。三日に説き竟《を》えつ」とある。そればかりではなく、この年には、聖徳太子は岡本宮においても法華経を説いており、このことに天皇が大変喜んで播《はり》磨《ま》国の水田百町を太子に与えたともある。

推古天皇二十一年十二月一日条には、不思議な話が載せられている。この日、聖徳太子は片岡へ遊行したところ、道で飢えた者に出会い、食物と衣服を与えた。翌日、使者をつかわして、その飢えた者をみさせたところ、すでにその者は死んでいた。太子は大変悲しんで死者を埋めさせ、墓を造らせ、数日後、「先の日に道に臥して飢者《うえたるもの》、其れ凡人に非じ。必ず真人《ひじり》ならむ」といって、また使者をつかわしたところ、墓所には死体がなく、衣服のみがたたまれて棺の上に置かれていたという。そこで、聖徳太子は、ふたたび使者を送って、その衣服を取り寄せて以前のように着用したとあり、時の人は大変不思議に思い、「聖の聖を知ること、其れ実なるかな」といって太子のことをますます敬ったと話は結ばれている。

『日本書紀』には、このあと、推古天皇二十八年に聖徳太子と蘇我馬子とが共同で、『天皇記』と『国記』を作ったことが記されており、翌二十九年二月五日条に、

「半夜《よなか》に厩戸豊聡耳皇子命、斑鳩宮に薨《かむさ》りましぬ」とあり、磯長陵に葬られたことが記されている。この時の状況として『日本書紀』は「諸王・諸臣及び天下の百姓、悉に長老は愛《めぐ》き児を失える如くして、塩酢の味、口に在れども嘗めず。少幼は慈の父母を亡《うしな》えるが如くして、哭き泣《いさ》つる声、行路に満てり。乃ち耕す夫は耜《すき》を止み、舂《つ》く女は杵せず。皆曰わく、日月輝を失いて、天地既に崩れぬ。今より以後、誰をか恃《たの》まむという」と記している。

このように『日本書紀』は最大級の歎きを表わしているのであるが、太子の没年は、推古天皇二十九年ではなく、翌三十年二月二十二日が正しいとされている。つまり、『日本書紀』は太子の没年について誤った年を記しているということになるのである。

■「聖」と尊ぶ発想の源流

『日本書紀』の聖徳太子関係の記事全体を通していえることとは、少々、オーバーといってよいほどの文飾の多さであろう。厩戸での誕生の話や十人の訴人の処理、片岡へ遊行したおりの飢者とのやりとり、そして、死に際しての人々の歎き、いずれをとっても、それを指摘することにことかかない。このことの背景には、聖徳太子を「聖《ひじり》」としてとらえる発想がみられる。

このように、聖徳太子を超人のように尊ぶ記述の一方で、太子の没年を誤るという重大なミスを『日本書紀』はおかしている。このことは、『日本書紀』が編纂された当時、つまり、八世紀初期における聖徳太子のとらえられ方を如実に表わしているように思われる。すなわち、太子の没後、約百年を経た八世紀初期には、太子を聖とする太子信仰がすでにできあがっていたといってもよいであろう。しかし、それは、現実的には、あまり影響力をもつ信仰ではなく、どちらかといえば、伝説といったものに近いものではなかったのではあるまいか。こうした状況がとりもなおさず、『日本書紀』の聖徳太子像に反映していると思われる。

23　大化改新

■改新政府の始動

『日本書紀』の皇極《こうぎょく》天皇四年（六四五）六月、中大兄皇子《なかのおおえのおうじ》・中臣鎌足《なかとみのかまたり》らによって蘇我入鹿《そがのいるか》が殺害され、その父である蝦夷《えみし》は自殺に追いこまれた。権勢を誇った蘇我本宗家のあまりにもあっけない滅亡であった。これが乙巳《いっし》の変といわれる事件であり、いわゆる大化改新のスタートということになる。そして、翌大化二年（六四六）正月には四カ条からなる改新の詔が発せられ、改新政府が本格的に始動することになる。『日本書紀』にみられる改新の詔を具体的にみるならば、

其《そ》の一に曰く、昔在《むかし》の天皇等《すめらみことたち》の立てたまへる子代《こしろ》の民、処々の屯倉《みやけ》、及び、別

には臣《おみ》・連《むらじ》・伴造《とものみやつこ》・国造《くにのみやつこ》・村首《むらのおびと》の所有《たもて》る部曲《かきべ》の民、処々の田荘《たどころ》を罷《や》めよ。（以下略）

其の二に曰く、初めて京師《みさと》を修め、畿内・国司・郡司・関塞《せきそこ》・斥候《うかみ》・防人《さきもり》・駅《はい》馬《ま》・伝馬を置き、及び鈴契《すずしるし》を造り、山河を定めよ。（以下略）

其の三に曰く、初めて戸籍・計帳・班田収授の法を造れ。（以下略）

其の四に曰く、旧《もと》の賦役《えつき》を罷《や》めて、田の調《みつき》を行へ。……別に戸別《へごと》の調を収《と》れ。

（以下略）

というものである。つまり、第一条は公地公民制の規定、第二条は地方の行政区画の決定、第三条は班田収授の実施、第四条は新しい税制の規定であり、こうしたことは定説として教えられてきた。ところが、大化改新については、太平洋戦争後から学界では多くの論議がなされている。そして、一九六〇年代にいたると改新の詔それ自体を疑う説が出され、さらには大化改新全体を虚構とする説が提唱された。

たしかに、改新の詔をみると、第二条の「国司・郡司」といった律令制下での用語など、当時には使われていなかったものも入っていて、信頼性に疑問がでてくる。

さらに、大きな視点ということでは、改新の詔の目玉ともいうべき第一条の公地公民制についても問題がみられる。従来の理解では、この第一条によって公地公民制がスタートしたが、天智《てんち》天皇二年（六六三）に白村江《はくすきのえ》の戦いに敗れたため、豪族たちの不満解消策として私有民（民部《かきべ》・家部《やかべ》）を認めざるを得なくなった（甲子の宣）。それが、壬申の乱後の天武天皇四年（六七五）の詔で甲子の宣が撤回されて公地公民制は軌道にのった、というように理解されてきた。

しかし、大化改新否定論の立場で考えると、公地公民制のスタートは改新の詔ではなく、天智天皇三年（六六四）の冠位二十六階制ということになる。この段階で豪族の序列化をはかり、私有民を民部と家部とに分けさせた。そして、天武天皇四年の詔で部曲《かきべ》、すなわち民部が廃止されたと考えるべきであるということになる。つまり、大化改新を想定しなくても公地公民制は十分に説明がつくというのである。

■難波宮発掘が持つ意味

それでは、現在、大化改新はどのように理解されているのであろうかというと、まったくそのような事例はなかったという極端な考えはあまりみられなくなった。それは、難波宮の発掘が進んできたことが大きな原因のひとつにあげられる。

難波宮、すなわち難波《なにわ》長柄《ながら》豊碕宮《とよさきのみや》は、乙巳の変をへて即位した孝徳《こうとく》天皇の宮である。改新の詔もここで出され、いわば改新政府の心臓部である。もし、大化改新などなかったとすると、難波宮も小規模な宮にすぎなかったであろう。ところが、みつかった難波宮址は意外なほど大規模な構造をもったものであった。

難波宮址は、大阪市中央区馬場町・法円坂一丁目にあり、宮址自体は上下二層からなっている。このうち下層の遺構が孝徳天皇の時代の前期難波宮とされている。内裏をはじめとして、朝堂院・八角堂・複廊・倉庫群などが検出されている。それぞれの施設の規模が大きいのみならず、建設プランの点からも注目されている。

第一には、天皇の私的な場所である内裏《だいり》と公的な政治の場である朝堂院とが明確に分けられている点である。第二には、宮の中軸線上に左右対称の建物群が整然と配置されていて、プラン的にはのちの宮の原点といってもよい。これらの点から、難波宮は、それまでの宮とは異なり、中国の都城の要素をとり入れ、恒久的な都城をめざしたものであるという指摘がなされている。

こうした造都に象徴される政治姿勢、そして造都のための大規模な動員の背景には、大化改新のような大国内改革の存在が考えられるのである。

24　持統天皇

■政治的大変革の年の誕生

鸕野讃良皇女《うののさららのひめみこ》、すなわち、のちの持統《じとう》天皇は大化《たいか》元年（六四五）に飛鳥で生まれた。この年は中大兄皇子《なかのおおえのおうじ》らによって蘇我本宗家が滅ぼされるという乙巳《いっし》の変がおこった年であり、大化改新のスタートの年である。

持統天皇が大化元年に生まれたということは、何か象徴的でもある。というのも、彼女の父は中大兄皇子、母は蘇我倉山田石川麻呂の娘の遠智娘《おちのいらつめ》であり、両者の結婚には中臣鎌足《なかとみのかまたり》がからんでいたようなのである。

さらに、中大兄皇子と遠智娘とが結ばれたのは乙巳の変の前年のことであるが、当初、中大兄皇子のもとへ嫁すことになっていたのは遠智娘の姉であった。しかし、婚姻の前夜に石川麻呂の弟である身狭《むさ》がこの姉をさらって逃げてしまったため、はからずも妹の遠智娘が中大兄皇子にとつぐことになったのである。もちろん両者の結婚は、蘇我本宗家打倒をめざすための政略結婚であった。

ともあれ、持統天皇はこのように政治的大変革の年に誕生したわけであるが、すでに同じ母から生まれた姉がいた。大田皇女がその人であり、彼女が中大兄皇子の長女で、持統天皇は次女となる。幼年期の持統天皇は、難波で大切に育てられたと思われる。当時の風習から考えると、持統天皇は母方の実家である蘇我倉山田石川麻呂の邸宅で養育されたと思われる。

石川麻呂の拠点は、大和国飛鳥の山田であるが、難波にも屋敷を構えていたようである。大化改新ののち、都は難波《なにわ》長柄豊碕宮《ながらとよさきのみや》に遷されたことを考え合わせると、どうやら持統天皇も飛鳥から難波に移り、そこで生活していたと考えてよさそうだ。

その持統天皇の生活を揺るがす事件が大化五年に起きた。石川麻呂の変である。当時、改新政府で右大臣という要職にあった石川麻呂が、皇太子となった中大兄皇子の殺害をたくらんだというのである。

事件は、左大臣であった阿倍内麻呂が病死して七日目の三月二十四日に起きた。

それも密告したのは石川麻呂の弟で、かつて持統天皇の姉を奪った身狭であった。

石川麻呂は難波を逃れて本拠地である飛鳥の山田へもどったが、ここで自殺して果てた。二十五日のことであり、このとき石川麻呂の妻子八人が共に死に、翌日、さらに多数の者が殉死した。処刑もおこなわれ、死罪二十三人、流罪十五人に及んだ。しかし、事件の処理が終わった直後、身狭の密告が事実でなかったことが明らかとなった。

この事件の背後には中大兄皇子や中臣鎌足の影がみられるともいわれているが、五歳の持統天皇にとってはまさに大事件であった。有力な保護者である祖父の死は、持統天皇の将来に大きな影響を与えずにはおかないであろうし、さらに悲しかったのは、追いうちをかけるような母遠智娘の死である。

『日本書紀』によると、中大兄皇子の妃であった蘇我造媛が父の死後、悲しみにくれて、ついに病死してしまったとある。この造媛は遠智娘のことであろうといわれているが、もしそうだとすると、その死は白雉《はくち》三年（六五二）ごろであり、持統天皇は八歳にして母を失ったことになる。まさに、持統天皇はその少女期に政治が生みだす悲劇を身をもって体験していたのである。

遠智娘は、中大兄皇子との間に大田皇女・持統天皇の両皇女と建皇子をもうけていたが、さいわいにもこれら三人の子はその後、祖母にあたる皇極《こうぎょく》天皇にひきとられ難波長柄豊碕宮で育てられたようである。したがって、持統天皇も幸せな少女時代をすごしたといってよいであろう。

その後、白雉四年に父の中大兄皇子が孝徳《こうとく》天皇と対立して、間人《はしひと》皇后と百官をひきつれて飛鳥へもどったさい、持統天皇も父につれられて生まれ故郷の飛鳥へ移り、以後は飛鳥での生活が続いた。

■大海人皇子との結婚

孝徳天皇が難波で死ぬと、皇極天皇が重祚《ちょうそ》して斉明《さいめい》天皇となった。都も大和へもどり、飛鳥板蓋宮が定められた。そのような中、斉明天皇三年（六五七）、持統天皇は中大兄皇子の同母弟である大海人皇子《おおあまのおうじ》の妃となった。時に持統天皇は十三歳、大海人皇子は二十七歳であった。

この結婚も両者の愛情の結果というよりは、むしろ中大兄皇子が弟の大海人皇子との関係をより強めるために計画した政略結婚といえる。というのは、この時すでに、大海人皇子のもとには、持統天皇の姉の大田皇女がとついでおり、さらにのちには異母妹の新田部皇女と大江皇女も妃となっている。

つまり、中大兄皇子は自分の娘四人を弟の大海人皇子の妃にいれているのである。中大兄皇子がいかに大海人皇子を重要視していたかがうかがわれる。そして、この重要視とはいうまでもなく兄弟としての感情においてではなく、政治的な意味においてであった。

持統天皇が大海人皇子の妃になったのちも、斉明朝では阿倍比羅夫《あべのひらふ》の蝦夷征討や有間皇子の変といった事件があいついで起こり騒がしかったが、とりわけ朝廷を驚かせたのは、斉明天皇六年九月に百済《くだら》の使者が大和にもたらした知らせであった。使者は、新羅《しらぎ》が唐《とう》と連合して百済を滅ぼしたことを伝えたのである。さらに、十月に入って続報がもたらされた。百済の遺臣の鬼室福信《きしつふくしん》からのもので、日本からの援軍を要請してきたのである。

これに対して、朝廷では百済救援を決定し、翌七年正月六日、斉明夫皇みずから中大兄皇子らをともなって遠征の途についた。この大規模な百済救援軍のなかには大海人皇子、そして持統天皇ら妃たちの姿もあった。

難波から船出して三日目の正月八日に大田皇女が女子を出産した。ちょうど吉備の大伯《おおく》海にさしかかった時であったので、大伯皇女と名づけられた。そして持統天皇も翌年に、筑紫の那《な》ノ大津で草壁皇子を産んだ。

この遠征軍の前途は多難であった。難波を出発した年の七月に斉明天皇が急逝してしまったのである。そしてその二年後の天智二年（六六三）、日本軍は白村江《はくすきのえ》の戦いに大敗して朝鮮半島での足場を完全に失うことになる。この年に大田皇女は大津皇子を出産している。大津皇子の名は那ノ大津に由来しているといわれている。とするならば、大海人皇子や妃たちも筑紫にとどまっていたと考えられる。この白村江の戦いの敗北ののち、中大兄皇子は兵と共に大和へもどることになるが、大海人皇子や妃たちもそれに同行したであろう。もちろんその中には、二歳になった草壁皇子をつれた持統天皇の姿もあったはずである。

大和にもどった中大兄皇子は国内の政情安定をはかり、大海人皇子の協力を得て動揺を抑えることに成功した。天智天皇六年二月には中大兄皇子の母である斉明天皇と、妹で孝徳天皇の皇后でもあった間人大后を小市岡上陵に合葬しており、中大兄皇子にも多少の余裕がうかがわれる。

この合葬がおこなわれた日、斉明天皇の陵の前に大田皇女の墓がつくられた。大田皇女がいつ亡くなったかについては不明であるが、とにかく天智《てんち》六年二月にはすでにこの世になかったことはたしかである。

大田皇女の死によって、持統天皇は妃たちの中で一番上の地位を占めることになった。これは、草壁皇子と大津皇子の将来にとっても大きな影響を与えることになっていく。

これらの葬儀が終わった三月に近江の大津京への遷都がなされた。さらに、翌天智天皇七年正月、中大兄皇子は即位して天智天皇となった。乙巳の変から数えて二十三年の歳月が経過していた。そして、この天智天皇を皇太弟としてしっかり補佐し、その後継者とみられていたのが、他でもない持統天皇の夫の大海人皇子であった。しかし、この時期、天智天皇と大海人皇子との間に深い溝ができていたことをうかがわせる話が『大織冠伝《たいしょくかんでん》』にみられる。

それは、天智七年に琵琶湖をのぞむ高殿で酒宴が催されたさい、その宴席で大海人皇子が長槍をとって床板を刺し貫いたというのである。天智天皇は大海人皇子のふるまいに立腹し、捕まえて殺そうとしたが、中臣鎌足のとりなしで無事、その場がおさまったとされている。

この話をふまえると、大海人皇子は天智天皇に対して不満をもっており、天皇もまた大海人皇子をこころよく思っていなかったといえる。両者の対立は額田女王をめぐる三角関係によるものであるともいわれているが、やはり、皇位継承をめぐる確執が本質ではなかろうか。

天智天皇としては、当初は大海人皇子に皇位を譲るつもりであったであろうが、その心を揺がせたのはわが子の大友皇子の成長であった。

天智天皇十年正月、大友皇子は正式に太政大臣となった。それと同時に、左大臣に蘇我臣赤兄《そがのおみのあかえ》、右大臣に中臣連金《かね》、御史大夫に蘇我臣果安《はたやす》・巨勢臣人《こせのおみのひと》・紀臣大《きのおみのう》人《し》が任じられた。彼らはいわば大友皇子のブレーンといってもよいであろう。天智天皇は大友皇子を後継者とするべく手を打ったのである。そして天智天皇は九月に病の床に臥すと、十月十七日に大海人皇子をよび、「あとのことはお前にまかそう」とつげる。つまり、皇位を譲るというのである。しかし、このとき大海人皇子はきっぱりと、皇位は皇后の倭姫《やまとひめ》に譲り、政治のことは大友皇子にゆだねるのが一番よいでしょう、と進言し、自分は出家することを誓ったのである。

実は、これは天皇が大海人皇子の野心にさぐりをいれたものであり、事前に蘇我臣安麻呂から助言を受けていた大海人皇子はたやすくそのワナにはまらなかったのである。大海人皇子は、ただちに出家し、十九日には早くも吉野へ向かっている。からくも虎口を脱したといえよう。

そして、この吉野への行動に従った妃は持統天皇一人であったとされている。もちろん、草壁皇子も同行したと思われる。持統天皇らが吉野へ入ってふた月ののち、天智天皇は四十六年の生涯を閉じた。

■長期間決まらなかった皇太子

天智天皇が崩じた翌年（六七二）の六月、大海人皇子は兵を挙げ吉野を出た。壬申の乱のはじまりである（乱の詳細については次項で触れる）。そして、その陣中には草壁皇子をつれた持統天皇の姿があった。これ以後、およそ一カ月の戦いを経て、大海人皇子は大津京を落とし勝利をつかんだ。そして、翌年、飛鳥浄御原宮《あすかきよみはら》で即位して天武《てんむ》天皇となった。同時に持統天皇は皇后となった。この時、持統天皇は二十九歳、天武天皇は四十三歳であった。

皇后となった持統天皇は以後、天武天皇の政治面でのパートナーともなり、夫の政治を補佐していったようである。というのは、天武天皇は剛毅さにおいては申し分がなかったが、緻密《ちみつ》さという点では足りないところもあった。つまり、権謀術数にたけた性格ではなかったようで、兄の天智天皇とはこの点でまったく対照的な性格であったといえる。

これに対して、持統天皇は、幼少のころより政治の荒波にもまれて育ち、さらに父である天智の政治的な沈着さをよく受けついでいたように思われる。『日本書紀』の持統即位前紀に、「皇后、始めより今にいたるまで、天皇を佐《たす》けて天下を定め、毎《つね》に侍執の際、すなわち言政事に及び、佐け補ふ所多し」とあるのは、まんざら誇張とばかりはいえないように思われる。

そもそも天武朝の政治の特徴は皇親《こうしん》政治であり、持統天皇が皇后、草壁皇子が皇太子として政治をたすけ、さらに大津・高市《たけち》・忍壁《おさかべ》といった皇子たちや他の皇族たちも政治に加わるといった体制をとっていた。こうした皇親政治のなかで、政治に対する持統天皇の発言力が高まっていったとしても少しも不自然ではない。

天智朝によって目ざされた律令政治の体制は、天武朝にはさらに推進された。天皇の権威は上昇し、壬申の乱後に大伴御行《みゆき》が「大君は神にしませば赤駒の腹ばふ田《た》井《い》を都となしつ」（『万葉集』巻一九―四二六〇）とうたったように、天皇を神とする現神《あきつかみ》思想がみられるようになる。これは、壬申の乱を力で制した天武天皇にとって、まさにふさわしい栄誉といえよう。

しかし、このことは一方では十分な警戒が必要にもなる。力で皇位を奪った者は、今度は自分の皇位を力で奪いにくる者の出現におびやかされることになる。天武朝の政治も決して順調ではなかった。

不安要素のひとつは、皇太子がなかなか決まらなかったことである。結局は、持統天皇の働きなどが功を奏して草壁皇子が皇太子となるが、それは天武天皇十年（六八一）のことである。どうしてこのような長期間にわたって皇太子が決まらなかったのかというと、やはり、そこには大津皇子の存在が大きいように思われる。

■大津皇子に対する不安

天武天皇には十人の皇子がいるが、皇太子の第一候補は何といっても当時、皇后であった持統天皇の子の草壁皇子である。しかし、この草壁皇子には大津皇子という強力なライバルがいた。大津皇子は持統天皇の姉の大田皇女の子であり、血統的には申し分がない。しかし、大田皇女はすでに亡くなっており、この点からいえば皇后として天武天皇と共に政治をとっている持統天皇に支えられている草壁皇子の方が、比較にならないほど有利である。

しかし、草壁皇子と大津皇子とを比較すると、人物的には大津皇子の方が数段まさっていたようである。

『懐風藻《かいふうそう》』にみられる大津皇子の伝をみても、また二人の皇子が共に歌を贈った石川郎女の返歌が大津皇子のみになされていること（『万葉集』巻二）などをみても、大津皇子の方がより才気あふれる青年であったことはあきらかである。

持統天皇はおそらく、はがゆさと不安でいっぱいであったと思われる。もちろん、天皇にわが子の草壁皇子の立太子を再三にわたって進言したであろうが、容易には実現しなかった。

天武八年五月、天武天皇は持統天皇や草壁・大津・高市・忍壁・河島・芝基の六皇子と共に吉野へ行幸し、おたがいに二心のないことを誓いあった。吉野の盟約といわれるものであるが、このころにはすでに天武天皇は草壁皇子の立太子を決めていたといわれている。

　こうした天武天皇の気持を決定的にしたのが、天武九年の持統天皇の大病であった。さいわいにも持統天皇は翌年に回復したが、この機会に持統天皇は草壁皇子の立太子を夫に強く訴えたであろうことは想像に難くない。そして、その結果、天武天皇十年二月二十五日の立太子となるのである。

　この日、天武天皇と持統天皇は共に大極殿に立ち、律令の制定を発している。ひとつの大きな画期といえるであろう。しかし、このことによって持統天皇の不安が解消されたわけでは決してなかった。大津皇子もまた着実に成長してきていたからである。

『日本書紀』の天武十二年二月一日条には「大津皇子、始めて朝政を聴く」とある。皇太子である草壁皇子がいるのにもかかわらず、大津皇子も朝政に参加するようになったのである。ここには、天武天皇の大津皇子に対する高い評価がうかがわれる。当然のことながら、持統天皇の不安は増大し、大津皇子に対する警戒心は高まったことであろう。

■持統天皇の「宿命」

皇親政治を推し進めてきた天武天皇が病に倒れた。天武天皇十四年九月のことである。いったんもちなおした天皇であるが、翌年五月に再発し、朱鳥《しゅちょう》元年（六八六）九月九日についに崩じてしまう。それからひと月もたたない十月二日、大事件が発覚した。大津皇子の謀反である。ただちに、大津皇子ら三十人あまりが捕えられ、何と翌三日に大津皇子は処刑されてしまう。

この事件は、持統天皇による陰謀という印象が強い。というのは、大津皇子への厳しい処分に対して、共犯者たちの処分は思いのほかに軽いのである。皇子に謀反をそそのかしたとされる沙門行心《しゃもんぎょうしん》が飛騨の寺院に配され、直属の従者であった礪杵道作《ときのみちつくり》が伊豆へ流されたほかはみな罪をのがれている。

もちろん、聡明な大津皇子のことであるから、天武天皇の死が自分にどのような影響を与えるか知らないはずはなかったであろう。当然、対応策についても考えていたと思われる。あるいは本当にクーデターを考えていたのかもしれない。しかし、持統天皇は周到に包囲網をはりめぐらしていたともいわれる。

そのひとつは、津守連通《つもりのむらじとおる》が大津皇子の動きをさぐっていたというのである。津守連通は陰陽道の大家として知られる人物であるが、持統天皇側の命をうけてひそかに大津皇子を監視していたらしい。

また、『懐風藻』の河島皇子の伝には、大津皇子の謀反を密告したのは他ならぬ河島皇子ということになっている。河島皇子は天智の皇子で大津皇子と親交があったとされる人物である。大津皇子から相談を受けることがあったとしても不思議ではない。そういう間柄にあった河島皇子が大津皇子を密告するという背景には持統天皇側からの圧力、もしくはとりこみがあったということも十分に考えられる。

こうしたことから憶測すると、天武天皇の死にさいしてすばやく反応し、しかも冷静に自分のペースで事をはこんだ持統天皇の姿が浮かんでくる。

しかし、そうした持統天皇に思いがけないことが起きる。それは、わが子で皇太子である草壁皇子の急逝である。二十八歳という若さで世を去った皇太子を前にして持統天皇は大きな衝撃を受けたであろう。草壁皇子の子として軽皇子がいたが、わずかに七歳の幼少であった。

しかし、ここでも持統天皇はすばやく反応する。草壁皇子の死の翌年（六九〇）、自ら即位した。天皇となった持統の目的は、もちろん孫の軽皇子への皇位継承である。

当時は天皇が崩じたさい、後継者がいまだ天皇としてふさわしくない場合、皇后が中継ぎに即位するということは異例ではなかったし、何よりも天武天皇と苦楽を共にしてきた持統天皇の即位に異を唱えることができる者はいなかった。こうして即位した持統天皇は、七年後の六九七年に十五歳となった孫に位を譲り文武《もんむ》天皇とした。そして、自らは太上天皇として政治を補佐し、大宝二年（七〇二）、五十八歳の生涯を閉じた。

亡くなるときまで政治的であらねばならなかった持統天皇であるが、かえりみるならば、その誕生のときからすでに持統天皇は、政治的であることを宿命づけられた女性であったということがいえよう。

25　壬申の乱

■古代史最大の内乱

天智《てんち》天皇が近江大津宮で崩《ほう》じたのち、その子で後継者の大友皇子と天智天皇の弟で皇太子であった大海人皇子《おおあまのおうじ》とが皇位をめぐって争ったのが壬申の乱である。六七二年に起きたこの事件は、大海人皇子が勝利して天武《てんむ》天皇となった。

天武天皇の即位は、天皇の権力の強大化やその後の皇位の継承に大きな影響を及ぼすことになる。また、当時の日本が進めていた律令体制の導入にも甚大な影響を与えた。こうしたことから、壬申の乱は古代史上で最大の内乱といってもよいであろう。しかし、この事件自体をどのようにとらえたらよいかというと、それほど簡単ではない。その理由としては、何よりも史料の問題があげられる。つまり、壬申の乱のことに具体的に詳しくふれたものは、『日本書紀』の天武天皇の条のみなのである。

加えて、この事件には〝道徳的〟なフィルターがかぶさっている。天武天皇は、自分の甥の大友皇子から皇位を奪いとったというのである。この背景には、天智天皇のあと後継者である大友皇子が即位したとする考えがある。「記・紀」の皇統譜はいうまでもなく、天智天皇のあとは天武天皇となっているが、これは歴史書は勝者の歴史であり、必ずしも真実を伝えてはいないというのである。事実、徳川光圀《とくがわみつくに》によって編纂が始められた『大日本史』は、大友皇子の即位を認めている。

壬申の乱には、こうしたやっかいな問題が含まれており、『日本書紀』の記述をどのように読みとるかで、まだまだ知られていない真実が明らかになる可能性は十分にあるといえよう。

■乱前夜に起きた出来事

壬申の乱の契機をどこに求めるかについては意見がわかれるであろうが、天智天皇の死が乱の勃発に大きな影響を与えたことは疑いないであろう。しかし、困ったことに天智天皇の崩御に際しての大海人皇子の行動が天智紀と天武紀とでは少し違いがみられる。

まず、天智紀をみてみよう。それによると、重病となった天智天皇は皇太子の大海人皇子を寝室に招き入れ、皇位を譲ることを申しでる。しかし、大海人皇子はこれを固辞し、大后《おおきさき》（皇后）の倭姫《やまとひめ》王が即位し、大友皇子がこれを補佐するのがよいとのべる。さらに、自分は天皇のために出家したいといい、これが認められると、内裏《だいり》の仏殿の南でひげや髪をそって僧の姿になった。天智天皇はこうした大海人皇子に袈裟を贈っている。その後、大海人皇子は吉野に入って仏道修行したいと天皇に願い、許されるのである。

これに対して天武紀をみると、重病におちいった天智天皇に大海人皇子がよばれた際、かねてから大海人皇子に好意をもっていた蘇我臣安麻呂から天智天皇の言葉に気をつけるようにアドバイスされる。はたして天智天皇は皇位を譲ろうというのであるが、大海人皇子は自分は病身であるから皇后の倭姫王に皇位を譲り、大友皇子を皇太子につけるのがよいでしょうと答える。そして、自身の出家を願い、許されると私有の武器をすべて宮司に返納してしまう。その後、吉野宮へ入ることになるのであるが、ある人は「虎に翼をつけて野に放すようなものだ」といったという。

　このように、同じ『日本書紀』でも天智紀と天武紀とでは若干、描写に違いがみられるのであるが、大海人皇子はとにかく吉野へと逃れることになるのである。

■大友皇子と大海人皇子の対立

　天智天皇が近江大津宮で亡くなると、大友皇子側、大海人皇子側の双方で動きがでてくる。天武紀をみるとまず、行動をおこしたのは大友皇子側ということになっている。美濃《みの》・尾張《おわり》の国司に山陵造りの人夫の徴集を命じ、その人夫に武器をもたせているというのである。また、大津宮から飛鳥京までの道のあちこちに監視人を置いたり、菟道橋《うじばし》の橋守に命じて大海人皇子側が食料を運ぶことをストップさせようとしているともいうのである。

　これをきいた大海人皇子は、自分の身を守るために村国連《むらくにのむらじ》男依《おより》ら三人を美濃国へやって兵の確保と不破《ふわ》道の閉鎖を命じる。天武紀元年（六七二）六月二十二日のことである。そして、大海人皇子自身も鸕野《うの》皇后（のちの持統《じとう》天皇）らと共に東国へ向かったが、このとき従った者は草壁皇子、忍壁皇子や舎人たち二十人あまりと女官十人ほどであったという。大海人皇子もはじめは馬もなく徒歩であった。その後、高市皇子がかけつけ、兵力も次第に集まり出し、六月二十六日には伊勢国の迹《と》大川《おかわ》のほとりで天照大御神を遥拝《ようはい》した。このとき大津皇子も到着した。

一方、大友皇子側はどうしていたかというと、騎兵での追撃案が出たが大友皇子はこれをしりぞけ、東国・飛鳥《あすか》・筑紫《つくし》・吉備《きび》などへ兵の徴発を命じたが、ことごとく失敗におわった。

六月二十七日に大海人皇子は不破に入った。すると尾張国守の小子部《ちいさこべの》連《むらじ》鉏鉤《さひち》が二万の軍兵をひきつれて帰順してきた。二十九日には大伴吹負《ふけい》が大海人皇子側について蜂起した。攻撃の準備がととのった大海人皇子側は、七月二日、倭と近江の二方面への出撃を開始した。

村国連男依らは激戦を制して、二十二日に近江の瀬田に到着した。このとき瀬田橋の西には大友皇子が群臣らをひきいて陣をかまえていた。その兵力は無数で後方がどこまであるか見えないほどであった。ここに瀬田橋をめぐって両軍の激闘が開始されるのである。

この瀬田橋をはさんだ攻防は、次第に大海人皇子側が有利となり、翌二十三日にはついに大友皇子は戦場を離脱し、山崎にのがれて自殺してはてることになる。こうして壬申の乱は大海人皇子の勝利に終わり、皇子は九月十二日に飛鳥に入り、翌年二月二十七日、飛鳥浄御原宮で即位して天武天皇となるのである。

■壬申の乱がもたらした波紋

『日本書紀』によって、壬申の乱の経過を大まかに追ったのであるが、これをみるかぎり大海人皇子側に対して大友皇子側はあまりにも弱々しく、情けなく感じるほどである。しかし、これはまさしく、勝者の歴史というべきであろう。大海人皇子が勝利して天武天皇になったということはまぎれもない事実である。

天武朝の特徴のひとつとして、天皇権力の増大ということがあげられる。その端的な例として、天武・持統朝には「大君は神にしませば」で始まる歌が柿本人麻呂や大伴御行らによって作られている。大君、すなわち天皇は神であるというのである。こうした現象は壬申の乱のさいに大海人皇子方の勢力となったのは天皇の一族(皇親)や側近(舎人)たちであり、大豪族は大伴くらいしかいなかったことに起因している。有力豪族の多くは大津宮にいて大友皇子方についたと考えられる。

したがって、壬申の乱の戦闘についても、『日本書紀』の描写のように大海人皇子側の勝利に終始するようなものではなかったであろうことは容易に想像がつこう。しかし、こうした困難を打ち破って即位した天武天皇だからこそ、明神化《あきつかみか》できたといえる。皇親勢力の重用、八色《やくさ》の姓《かばね》の制定による豪族の序列の再編などは、こうした豪族から超越した天皇ならではの政策である。律令制への志向も、飛鳥浄御原令の制定を始めとして急テンポで展開されてゆく。こうした点でも壬申の乱の影響は大きいものがある。

本書は、『神々と古代史の謎を解く古事記と日本書紀』（2005年／青春出版社）『古事記と日本書紀でたどる日本神話の謎』（2010年／同）の内容を再構成し、改題のうえ、一冊にまとめたものです。

青春文庫

古事記《こじき》と日本《にほん》書紀《しょき》 謎《なぞ》の焦点《しょうてん》

「読《よ》み方《かた》」を変《か》えると、思《おも》いがけない発見《はっけん》がある

2020年4月20日　第1刷

著　者　瀧《たき》音《おと》能《よし》之《ゆき》

発行者　小澤源太郎

責任編集　株式会社プライム涌光

発行所　株式会社青春出版社

〒162-0056　東京都新宿区若松町 12-1
電話 03-3203-2850（編集部）
03-3207-1916（営業部）
振替番号　00190-7-98602

印刷／大日本印刷
製本／ナショナル製本

ISBN 978-4-413-09752-9

実業之日本社文庫 ひ43

君《きみ》に読《よ》ませたいミステリがあるんだ

2023年8月15日　初版第1刷発行

著　者　東川篤哉《ひがしがわとくや》

発行者　岩野裕一
発行所　株式会社実業之日本社
〒107-0062　東京都港区南青山6-6-22 emergence 2
電話［編集］03(6809)0473［販売］03(6809)0495
ホームページ　https://www.j-n.co.jp/
DTP　ラッシュ
印刷所　大日本印刷株式会社
製本所　大日本印刷株式会社

フォーマットデザイン　鈴木正道（Suzuki Design）

ISBN978-4-408-55822-6（第二文芸）